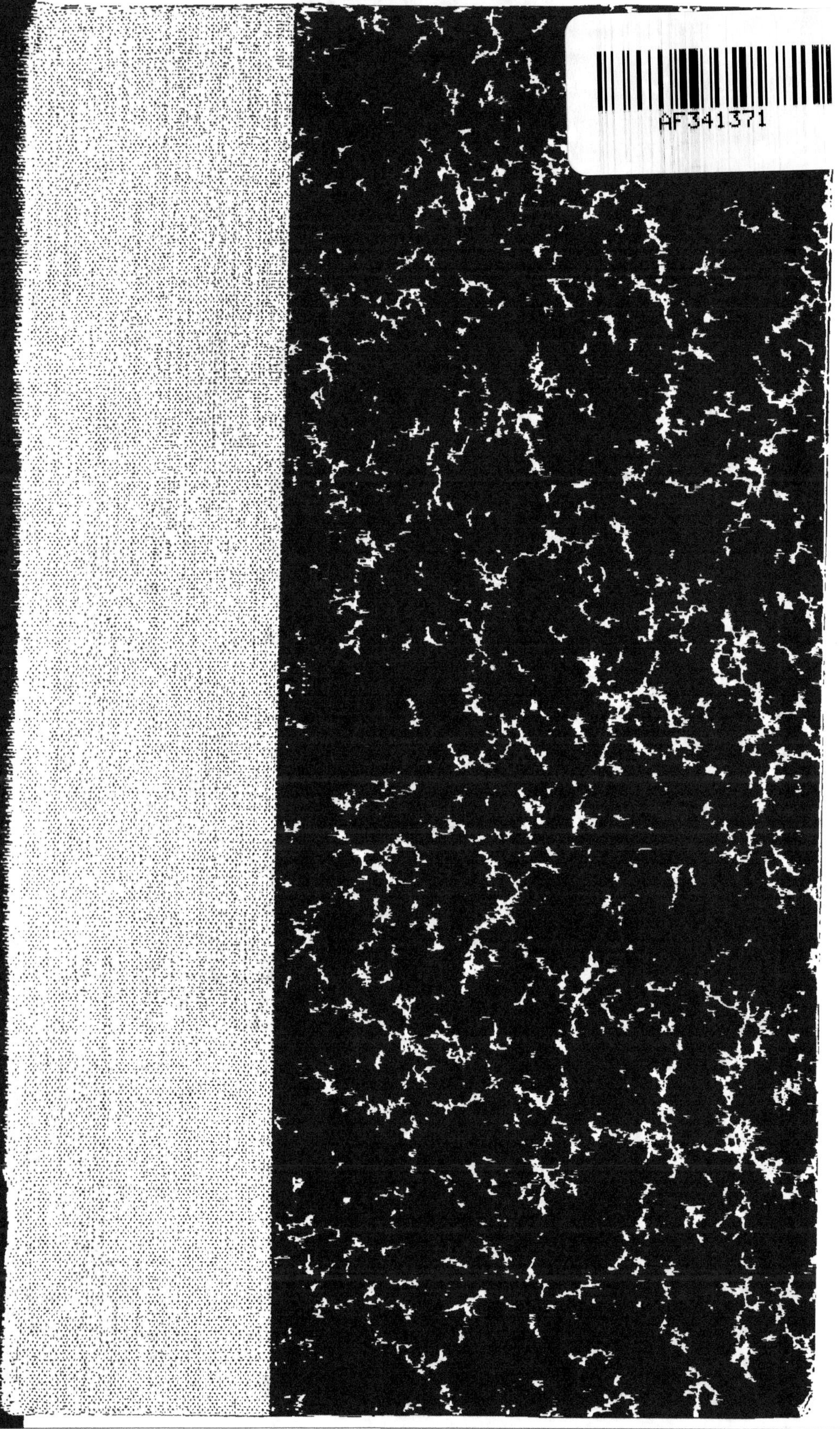
AF341371

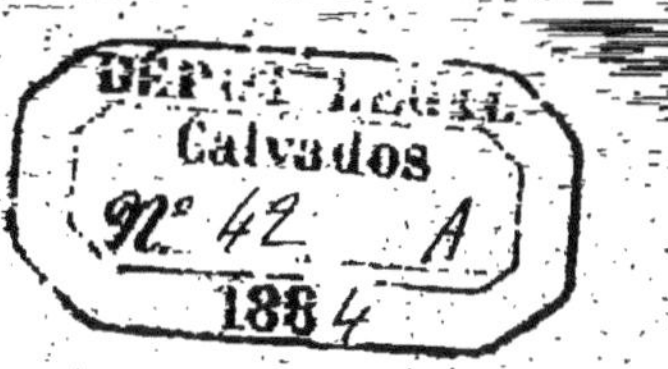

PAUL

DUBOURG

Esclave de Dieu, soldat du Christ,
pour toute ma vie je soumets ma
volonté à celle de mon Créateur.

CAEN

TYP. DE F. LE BLANC-HARDEL

RUE FROIDE, 2 ET 4

1884

PAUL DUBOURG

PAUL

DUBOURG

> Esclave de Dieu, soldat du Christ,
> pour toute ma vie je soumets ma
> volonté à celle de mon Créateur.

CAEN

TYP. DE F. LE BLANC-HARDEL

RUE FROIDE, 2 ET 4

1884

PRÉFACE

La mort est quelquefois bien cruelle
dans les choix qu'elle fait parmi nous, et,
n'était la foi qui éclaire et illumine nos
tombeaux, il faudrait presque désespérer
de consoler certaines douleurs. C'était la
pensée qui venait naturellement à l'esprit
à la nouvelle de la mort de Paul Dubourg,
élève du Grand Séminaire de Sommervieu.
Dieu n'avait, ce semble, enrichi cette âme
de si rares qualités que pour la montrer
à la terre, et rendre la séparation plus

pénible et les larmes plus amères. Aussi, comme ce vide fut senti au sein de sa famille !

Ces pages sont nées du désir de consoler cette famille affligée. Pour adoucir l'amertume de ses larmes, on a voulu montrer, à travers les obscurités de la tombe, le rayonnement de beauté morale qui s'en échappe. La tâche était douce, car, indépendamment du besoin qu'on éprouve de mêler ses pleurs à ceux de ses frères, et de compatir à toute souffrance humaine, il y a toujours profit à lier commerce avec un ami de Dieu.

Paul est mort jeune, mais déjà plein de jours, parce qu'il a plus songé « à remplir sa vie qu'à la conserver. » De lui une voix autorisée a pu dire à Sainte-Marie, dans une distribution de prix :

« Au milieu de cet enseignement tout illûminé de la présence de Dieu, nous avons pu voir une âme d'enfant grandir, s'élever, atteindre à des hauteurs vraiment admirables. Dans cette ascension de toutes les facultés, tout s'épure, tout se fortifie, tout concourt à achever l'œuvre divine, l'âme d'un Paul Dubourg, cette gloire si pure et si regrettée de l'éducation chrétienne. » Voilà la figure que nous avons voulu faire revivre, en en rassemblant les principaux traits. On nous accusera peut-être de nous trop attarder à des détails de peu d'importance. Nous n'avons qu'une excuse, c'est que, n'ayant pas eu en vue le public, mais bien la famille, il nous a paru que nous ne devions rien retrancher de tout ce qui pouvait avoir pour elle quelque intérêt.

Au reste, réserve faite des longueurs qui s'y peuvent rencontrer, cette biographie peut faire du bien à tous ceux qui la liront. Il sera toujours opportun de révéler au monde les âmes qui tranchent sur les types vulgaires. Elles l'obligent à réfléchir et lui rappellent des devoirs qu'il est trop tenté d'oublier. Elles font plus : elles lui donnent ce dont il a le plus besoin, la lumière. Certes, éclairer les hommes n'est pas chose aisée. Comment faire tomber tant d'illusions, détruire tant d'erreurs, soustraire à tant de mirages trompeurs et imprimer au fond des intelligences la certitude des réalités éternelles ? Pour cette œuvre les discussions et les livres avancent peu ; il faut des actes bien plus que des paroles, et ces actes, ces âmes de vingt ans les posent : elles ne se contentent pas d'abriter le saint Évangile dans le sanctuaire de leur conscience contre les attaques de la haine ou de l'impiété, elles le prêchent publiquement à la face de tous, et donnent ainsi, à qui la sait comprendre, la plus persuasive des démonstrations en faveur de la vérité catholique. Hélas ! il faut en convenir, il y a un monde que cette démonstration n'atteint pas, c'est celui qui ne sait pas s'arrêter sur la pente du vice ou se réserver une heure pour le calme et la réflexion ; mais, Dieu merci, il y a aussi, coudoyant celui-là, un autre monde qui sait faire des efforts pour lutter contre les entraînements du mal, et qui n'a pas complètement abdiqué l'honneur de penser. C'est à ce monde qu'il est utile de rappeler que la morale évangélique n'est pas lettre morte, et qu'au milieu des débris et

des poussières de nos constitutions humaines, le code sacré du christianisme est
là debout, cru et pratiqué comme aux
premiers jours.

Un autre enseignement ressort de ces
pages. Paul a aimé son pays avec une
sorte de passion, mais il n'a jamais séparé cet amour de celui de son Dieu. Les
deux croissent et se développent côte à
côte dans son âme ardente et généreuse ;
et, plus tard, quand le pieux jeune homme
se décide à revêtir la sainte soutane, c'est
dans l'intime persuasion d'être plus utile
à cette chère France qu'il veut sauver en
la régénérant ; tant est incontestable cette
vérité, devenue banale à force d'être ré-
pétée, que la religion est la source et
l'inspiratrice du plus pur patriotisme.

PAUL DUBOURG

I

ENFANCE. — SAINTE-MARIE

PAUL DUBOURG

ENFANCE. — SAINTE-MARIE

Paul Dubourg naquit à Caen, le 4 mars 1860. Tout ce qui présage une existence heureuse et brillante selon le monde se réunissait autour de son berceau : une belle fortune, l'honorabilité sans tache de sa famille, des traditions d'affection et de respect précieusement gardées. Et, de plus, cet enfant apportait en naissant les germes des meilleures qualités de l'esprit et du cœur, une droiture parfaite, un caractère doux et paisible, une âme qui

aspirerait toujours au meilleur. Ce qui frappa
d'abord chez lui, ce fut son air grave et sérieux ; on eût dit un des sept Sages. Une
personne qui l'a vu de près en ce temps-là
avouait que Paul n'avait jamais été enfant :
aussi fut-il comme une sorte de Providence
ménagée à son frère René, plus jeune que lui
d'un an, et d'un caractère plus vif et plus
ardent. C'est peut-être cette gravité précoce,
jointe à une timidité naturelle dont il gémira
plus tard, qui put donner le change sur le
fond de son caractère. Plus affectueux qu'expansif, il paraissait froid et peu prodigue de
ces démonstrations d'affection si naturelles aux
enfants. Sous ce rapport, René, plus ouvert
et plus communicatif, donnait libre carrière
à ses sentiments et devait plus volontiers provoquer les sympathies autour de lui. Toutefois, l'affection de Paul, sans se manifester
d'une manière aussi sensible, n'en était pas
moins vive et moins profonde; elle se tradui-
sait par la plus parfaite docilité aux moindres
désirs de ses parents. Pour lui ces désirs
étaient des ordres. «Paul a toujours été, nous
dit son père, un fils soumis et respectueux, et,

dès l'âge le plus tendre, il fut raisonnable et pieux. »

Des notes, dues à la bienveillance de M. Manoury, ancien principal du collège de Lisieux, nous permettent de compléter ces détails sur l'enfance de Paul. M. Dubourg, voulant donner à ses fils, Paul et René, une instruction à la fois solide et chrétienne, les confia aux soins de M. Manoury, alors professeur au collège de Falaise, et celui-ci s'acquitta de ses fonctions avec toute la sollicitude que la famille attendait de lui. « Notre pauvre Paul, nous écrit-il, avait sept ans à peine lorsque M. Dubourg me chargea de son éducation. Ce n'était point un enfant remuant comme mon cher René ; il était moins rieur, plus réfléchi, plus positif. Il était lent à prendre une décision, lent aussi dans l'action, mais arrivait toujours au but qu'il voulait atteindre. Il était plus sérieux qu'on ne l'est à cet âge, avait un goût prononcé pour le calcul et pour tout ce qui touchait de près ou de loin aux sciences. Nos leçons de lecture étaient des plus intéressantes, mais plus longues parfois que je ne l'aurais voulu. C'était

sur chaque mot des questions à n'en plus
finir. Il m'avait répété bien souvent (il avait
à peine neuf ans) qu'il se préparerait à l'École
Polytechnique, et c'était toujours pour lui
une occasion de me demander des détails sur
cet établissement, qui fait notre orgueil. Il
commença vers neuf ans ses études latines, et
les succès répondirent largement à l'intelligence précoce de notre petit élève et aux
efforts qu'il apportait dans l'accomplissement
de ses devoirs de chaque jour. Heureux de
partager mes heures entre Paul et René, le
premier voulait toujours prendre la meilleure
part, et, lorsque le second revendiquait ses
droits, j'étais obligé d'intervenir entre eux.
Paul montrait alors une vivacité que je n'étais
pas habitué à voir. »

Ces notes ont un intérêt particulier; elles
encadrent bien la figure de Paul. Ceux qui
n'ont connu que le jeune homme aiment à se
représenter ainsi l'enfant; et, à vrai dire, il
y a une admirable unité dans cette nature.
Nous retrouverons plus tard ces qualités na-
tives, cette gravité, cet amour des études
sérieuses, ces nobles élans vers tout ce qu'il y

a de grand et de beau ici-bas; et la grâce, en transformant et en parachevant, travaillera toujours sur ce fond naturel.

Dès lors des yeux clairvoyants pouvaient apercevoir les indices de la piété dont le jeune homme devait donner plus tard de si touchants exemples. En recueillant leurs souvenirs, ses parents se sont rappelés deux faits, peu importants sans doute, mais qui nous permettent toutefois de voir la place qu'occupaient déjà dans sa pensée les choses de la religion, et peuvent nous mettre sur la trace d'une vocation naissante. Un jour, à la promenade dans les environs d'Orbois, il s'arrêtait et il disait : « Je voudrais bien que maman nous fît construire une chapelle, car je veux être prêtre. » Vers cette même époque, ses parents le conduisaient un dimanche à la grand'messe de Guibray, leur paroisse. Étant arrivés un peu en retard, ils se rendirent à une autre église, pour y entendre une autre messe, et confièrent l'enfant à la bonne, qui le reconduisit à la maison. Paul, âgé pour lors de huit ans environ, se retira dans une chambre, et là se mit à lire dans un livre de piété; et, comme on le surprit dans cette lecture : « Il faut bien que je dise ma messe, répartit-il, puisque je n'ai pu y assister. »

Au mois d'octobre 1869, Paul fut confié à l'Institution Sainte-Marie, pour y suivre la classe de septième; il y est demeuré jusqu'à la fin de ses études.

Sainte-Marie remonte à 1850. Ce fut un des nombreux collèges ecclésiastiques qui s'ouvrirent en France sous la protection de la loi qui venait de fonder la liberté de l'enseignement secondaire, et de donner enfin satisfaction aux légitimes désirs des catholiques. Le diocèse de Bayeux doit garder le souvenir de deux hommes qui furent les instruments de la Providence pour la création de cet établissement, et qui, dès le début, lui assurèrent une prospérité qu'il n'a cessé d'avoir depuis. M. Mabire, qui avait collaboré à l'œuvre de l'abbé Poiloup à Vaugirard, et que de rares qualités d'esprit et de cœur rendaient si propre à la formation de la jeunesse, reçut de Mgr Robin la mission de s'occuper de la direction générale de la maison. M. Langlois, en même temps qu'il prêta le concours le plus dévoué à l'œuvre commune, en assura l'avenir par les sacrifices pécuniaires qu'il s'imposa.

En 1870, M. Mabire ne croyant pas pouvoir garder plus longtemps le fardeau de la supériorité, la maison fut confiée aux Missionnaires de La Délivrande. Les Pères s'inspirant de la conduite de leurs devanciers et maintenant leurs traditions, Sainte-Marie a continué de prospérer entre leurs mains et de former des jeunes gens prêts à se dévouer pour l'Église et pour la France.

Paul arriva avec les Pères. Enfant soumis et respectueux, il se livra tout entier entre les mains de ceux qui avaient reçu mission de cultiver son âme et de la rendre digne de Dieu. Quelques mois après son entrée dans la maison, le 8 juin 1871, il avait le bonheur de faire sa première communion, entouré de ses parents venus pour être témoins de sa joie. La préparation à ce grand acte de sa vie fut un peu troublée par une fatigue qui donna d'abord quelques inquiétudes. On dut se demander si la prudence ne faisait pas un devoir d'ajourner pour lui la touchante cérémonie.

Le médecin consulté conseilla des précautions, mais, pour ne pas trop contrarier les
désirs de l'enfant, autorisa la préparation.

Les souvenirs de la famille et des maîtres
nous permettent de supposer qu'il fit une excellente retraite sous la direction de M. Bernard,
aumônier de l'École normale de Paris. Quels
furent les sentiments qui agitèrent son âme
en ce beau jour? C'est le secret de Dieu. Son
excessive réserve lui a fréquemment fait garder
pour lui seul ce qu'on eût été si heureux de
connaître. Toutefois, il n'est pas invraisem-
blable de penser que cette âme pure et généreuse ait entendu vaguement l'appel de Dieu
en cette belle journée. Lisant plus tard la vie
du vicomte de Melun, il note un passage
ayant trait aux impressions de cet apôtre de la
charité le jour de sa première communion.
Nous nous sommes demandé s'il n'aurait pas
éprouvé lui-même quelque chose des sentiments qu'il enregistre : « Dès ce jour je
commençai à prendre au sérieux cette vie
que venait de sanctifier la présence de Dieu.
Pendant quelques jours, je me sentis pris du
désir de me consacrer au saint ministère pour

n'être plus séparé de Jésus-Christ. » Sur cette analogie des sentiments de Paul et du disciple de la sœur Rosalie, nous en sommes réduit à des conjectures : au moins pensons-nous que dès lors il sentit s'éveiller en lui ce désir d'être utile, qui ne fit que grandir avec l'âge. « Nous avons fait, écrivait-il plus tard à un de ses amis, notre première communion ensemble ; bien des fois nous nous sommes approchés ensemble de la sainte Table ; peut-être un jour combattrons-nous ensemble sur un même champ de bataille les ennemis du Pape et de la France. »

L'enfant ne put prendre part aux offices du soir : la fatigue ressentie durant la retraite préparatoire n'avait pas complètement disparu. Le lendemain il est d'usage à Sainte-Marie qu'on dise une messe d'actions de grâces pour les jeunes élèves qui ont participé pour la première fois au banquet eucharistique. Paul ne se trouva pas non plus avec ses condisciples au touchant rendez-vous ; il assista à l'infirmerie au saint sacrifice offert pour les malades. C'est ainsi que Dieu le préparait à la vie sérieuse en commençant à l'associer à sa croix.

2

Sainte-Marie ne pouvait connaître aussitôt le trésor qu'elle possédait. Pour suivre le développement de cette âme il fallut être attentif, car rien de saillant dans cette nature bien équilibrée n'attirait d'abord les regards. C'était simplement un excellent élève, toujours content de tout le monde et de toutes choses, comme tout le monde était toujours content de lui. Chaque jour ramena pour lui pendant huit ans l'alternative un peu monotone du travail et des récréations, des études et des congés; et pendant huit ans il fut toujours tout entier à l'affaire de l'heure présente, tout entier au travail, tout entier à la récréation; il employait consciencieusement toutes les minutes de l'étude, joyeusement toutes les minutes de la récréation, passant de l'une à l'autre, comme si deux choses si contraires eussent eu pour lui le même attrait.

Paul avait une belle intelligence, une intelligence toutefois plus solide que brillante. Il préférait les sciences aux lettres, mais ne négligeait point les lettres et y réussissait. Avec ces dons naturels et l'application qu'il apportait à tout ce qu'il

faisait, il devait obtenir et obtint, en effet,
toutes les récompenses que les maisons chrétiennes d'éducation réservent à leurs meilleurs
élèves. Presque chaque dimanche il avait les
meilleures notes de la maison; presque chaque
dimanche, à ce titre ou comme premier, il
était admis à la table des maîtres. Chaque
mois il avait droit à la sortie d'honneur, à
laquelle tous aspirent, mais que bien peu
arrivent à gagner. A la fin de chaque année
des nominations très-nombreuses et très-
honorables venaient témoigner en faveur de
son travail assidu et réjouir sa famille.

Mgr Dupanloup a écrit quelque part dans
ses livres sur l'éducation qu'il craignait beaucoup pour un élève cette série ininterrompue
de bonnes notes et de succès, et les félicitations
qui en sont la suite. « Tout cela, dit-il, finit
par développer chez l'enfant un orgueil épou-
vantable, qui éclatera un jour ou l'autre. »
L'expérience nous a montré plus d'une fois
la justesse des observations de l'illustre prélat.
Mais nous devons à la vérité de dire que pas
une fois elles ne furent applicables à Paul.
Cet enfant se laissait ignorer et s'ignorait lui-

même. Recevait-il un éloge pour une bonne
action : « Oh! disait-il, cela n'en vaut pas la
peine; c'était tout naturel », et véritablement
il croyait tout naturel ce qu'il faisait de meilleur. Cette simplicité lui conciliait la bienveillance de ses condisciples. Trop peu expansif
pour avoir beaucoup d'amis intimes, il aimait
tous ses camarades et il était aimé de tous,
et jamais ses succès n'éveillèrent en eux le
sentiment de la jalousie.

Les fleurs les plus cachées se trahissent par
leur parfum; il finit par en être ainsi de la
vertu de Paul. Cette vie si simple et pour
ainsi dire si commune, mais si constante à
être à chaque heure ce qu'elle devait être,
commençait à être remarquée plus par son
ensemble que par ses détails. On savait un
peu qu'en famille il était un enfant affectueux
et plus respectueux encore. On le voyait docile
à l'égard des maîtres, toujours en règle pour
les leçons et les devoirs. Jamais un condisciple n'avait à se plaindre de sa part d'un
procédé pénible; jamais on n'entendait sur
ses lèvres ni une parole blessante, ni une
parole trop libre. Il recueillit donc la récom-

pense promise à ceux qui ont le cœur doux,
l'affection des hommes sur la terre : « *Beati
mites quoniam ipsi possidebunt terram.* »

Il fit mieux encore. Dans une maison d'éducation les condisciples se connaissent bien
les uns les autres, mais ils se jugent presque
toujours avec trop de rigueur. S'il est vrai de
dire qu'il n'y a pas de héros pour son valet
de chambre, on pourrait presque dire qu'il
n'y a pas d'élève saint, d'élève parfait, pour
son condisciple. Paul triompha de cette sévérité; on admirait sa vertu douce, modeste et
inébranlable, et, quand on arrivait à parler de
lui, on disait : « Oh ! pour celui-là, nous le
respectons. »

S'il eut quelques amis plus intimes, c'est
sa bonté généreuse qui les lui attacha. Tels
furent, en particulier, deux jeunes gens de
sa classe, dont l'un vit encore, et dont nous
devons par conséquent taire le nom et l'histoire, et Abel Étancelin, qui devait précéder
Paul au Grand Séminaire, et le précéder,
hélas ! dans la tombe. A des qualités solides
et même brillantes ces jeunes gens joignaient
sans doute quelques imperfections qui ne

trouvaient point grâce devant les condisciples ;
ils eurent à souffrir de l'indifférence du grand
nombre, et probablement aussi des taquineries
des plus hardis. Paul cependant leur rendait
justice, les estimait, et il ne croyait pas devoir
cacher son estime, ni souffrir une injustice,
surtout lorsqu'elle ne l'atteignait pas lui-
même. Il les rechercha, prit leur défense et
finit par ramener à eux l'opinion publique.
S'ils ont laissé à Sainte-Marie un souvenir
respecté, c'est à lui qu'ils le doivent en partie ;
aussi de quel amour Abel Etancelin aimait
son Paul Dubourg, auquel il s'attachait
comme à son ombre (1).

(1) Un élève de Sainte-Marie, qui avait connu Paul
une année, et qui, dans ce peu de temps, lui avait voué
une estime qui allait jusqu'au respect, nous a laissé sur
les deux amis une petite pièce de poésie dont nous re-
produisons d'autant plus volontiers un extrait qu'elle
est à la louange de tous les deux :

> . . . .
> A le suivre partout sa trop longue constance
> N'a point encore de Paul lassé la patience.
> — Pour moi, dit un malin, je suis moins vertueux.
> — Ami, ne souris pas, Paul est judicieux.
>
> . . . .
> Dubourg a distingué les qualités du cœur,
> Discerné de l'esprit la vaste profondeur,

Quant à l'autre, son cœur déborde d'affection et de reconnaissance, quand il parle de son vertueux ami. Puisse-t-il vivre longtemps et réparer pour le bien des âmes la perte des deux autres !

L'année 1874 procura à la famille Dubourg la dernière joie sans mélange. Paul, âgé de quatorze ans, finissait sa troisième d'une manière brillante. René occupait en quatrième une place honorable. Charles, le troisième enfant de cette union bénie, venait de débuter au petit Sainte-Marie, et ses débuts, qui avaient surpris jusqu'à ses maîtres, faisaient prévoir qu'il serait digne de ses aînés. On s'explique aisément la joie, d'ailleurs bien légi-

Aimé son âme aimante et chez nous méconnue.
Paul vit son abandon, sa bonté fut émue,
Il lui tendit la main, et ces nouveaux amis
Depuis d'heureux printemps sont tendrement unis.
Bon, facile pour tous . . . .
Parais, Dubourg, honneur de la Philosophie !
Si ma lyre, rebelle à mon juste désir,
D'accents dignes de toi n'a pas su retentir,
Sois encore indulgent ! La satyrique Muse
A louer les vertus aisément se refuse :
Que peuvent ses accents ? L'amour de tous les cœurs
Vaut mieux à ton avis que les vers des rimeurs.

time, de M. et Mme Dubourg. Les joies pures sont rares et courtes en ce monde. Quelques mois plus tard un vide se faisait au sein de la famille ; Charles mourait (1).

Paul et René sentirent vivement cette perte, et voulant, dans la mesure du possible, consoler leurs parents, ils s'appliquèrent encore plus que par le passé à l'étude et à tous leurs autres devoirs. Les notes de quinzaine en furent un touchant témoignage, et M. Dubourg, en les parcourant, en fut ému jusqu'aux larmes.

La vertu de Paul se faisait jour de plus en

(1) Né le 24 septembre 1865, Charles est mort le 18 février 1875, sans avoir fait la première communion, mais après avoir reçu l'absolution et l'extrême-onction. D'un tempérament délicat qui préoccupa toujours sa famille, il n'avait pas été poussé dans ses études, qu'il avait commencées à la maison avec une très-bonne et très-dévouée demoiselle, Mlle Davoust, et il était peu avancé quand il fut mis au petit Sainte-Marie. Beaucoup plus expansif et caressant que Paul, il avait un extrême amour-propre, et, en toutes choses, une ardeur et une volonté excessives, ce qui rendait son éducation très-difficile, à cause des ménagements que nécessitait sa santé. Grâce à ce caractère, et excité par les exemples

plus. Quand une fois l'attention des élèves est attirée sur un de leurs camarades, ils remarquent beaucoup de choses qui étaient restées inaperçues jusque-là. On remarqua donc à la fin qu'il communiait souvent, que presque tous les jours il allait visiter le Saint-Sacrement, que là, se croyant seul, il priait avec grande ferveur, qu'à certains jours il se privait au réfectoire : il est arrivé plusieurs fois qu'on lui a demandé s'il n'aimait pas le dessert le vendredi.

Cette estime lui attira quelques distinctions honorables. Il existe à Sainte-Marie une conférence de Saint-Vincent-de-Paul chargée

de ses frères, pour lesquels il ressentait une sorte d'admiration, et surtout par ceux de Paul, il fit des progrès très-rapides dans ses études durant l'année qu'il passa à Sainte-Marie. Avec ses traits réguliers et fins, ses cheveux châtains et soyeux, ses yeux bleus au regard ardent et profond, Charles était trouvé par tous un charmant enfant. Paul eût eu trop de bonheur à guider dans ses études un frère si docile à ses exemples. Il dut le voir languir et mourir, il dut l'accompagner à la tombe, et entrevoir dans ce douloureux événement la brièveté des joies de ce monde et la vanité des espérances de la terre.

de la visite des pauvres de la paroisse. Les
membres se recrutent par le suffrage libre ;
mais l'honneur d'être élu est réservé aux
philosophes et aux rhétoriciens. Les élèves
firent une exception pour Paul Dubourg et le
choisirent dès la seconde ; plus tard ils le
désignèrent comme président de la conférence.
Les pauvres purent s'en apercevoir. Paul
semble n'avoir connu que deux usages de
l'argent : acheter des livres et des instruments
de physique, et soulager les pauvres. Il donna,
il sut faire donner, et l'année où il dut,
comme président de la conférence, s'occuper
de la loterie pour les pauvres, il sut aug-
menter la recette de presque un tiers.

Cette même année de philosophie il reçut
de ses maîtres une charge de confiance, celle
de réglementaire. Dans un collège même
chrétien, on ne se pique pas d'une régularité
aussi parfaite que dans un Grand Séminaire,
mais le futur séminariste avait l'amour de
l'ordre. A la fin des récréations, on le voyait
invariablement consulter sa montre ; les condisciples avaient beau crier : « Paul ! Paul ! il
n'est pas l'heure », ou le tirer par le bras, ou

former autour de lui une barrière joyeuse et amicale, Paul ne manquait point d'arriver à la cloche victorieux et à l'heure. Il y allait aussi trois fois par jour sonner l'*Angelus*, et, en même temps qu'il donnait aux autres le signal de la prière, il ne manquait jamais d'y obéir le premier.

Après avoir subi honorablement les épreuves du baccalauréat, si redouté des élèves, il sortit de cette maison de Sainte-Marie emportant l'estime universelle. Cette estime, ses plus intimes amis avaient une singulière manière de la traduire. Ils l'appelaient le Jésuite, ne partageant pas, eux, les préjugés absurdes dont la Compagnie de Jésus, respectable entre toutes, est trop souvent l'objet, et voulant au contraire par là, non-seulement faire l'éloge de sa science et de sa vertu, mais encore donner à entendre qu'il serait plus tard un serviteur dévoué de Dieu et de son Église. Ses travaux n'étaient point pour détruire cette manière de voir. Un jour, une de ses dissertations de philosophie fut qualifiée de sermon, sans doute parce qu'elle portait l'empreinte de la piété qui l'animait.

M. Dubourg était alors un jeune homme solidement instruit et solidement vertueux. Son extérieur, comme son âme, n'attirait point l'attention au premier abord, mais il gagnait à être vu deux fois : alors son beau front, son œil profond, ses narines un peu gonflées, indiquaient l'intelligence, la fermeté et la dignité ; ses lèvres exprimaient une gaieté douce et une grande bonté.

Au moment où Paul finissait sa philosophie à Sainte-Marie, circulait dans l'air un projet de pèlerinage *ad limina apostolorum*. Le jeune philosophe voulut être du nombre des pèlerins. Il fallait obtenir une autorisation de sa famille. Paul, après avoir mûrement réfléchi, juge que le plus sûr moyen d'aboutir est de s'adresser à Mᵐᵉ Dubourg, sa grand'mère. Il espère que celle-ci, gagnée à sa cause, la plaidera ensuite avec plus d'autorité auprès de son père. On lira avec intérêt des extraits de la lettre qu'il écrivit à cette occasion ; il y expose avec chaleur et avec une éloquence pénétrante les motifs de sa demande.

« Sainte-Marie, 17 juin 1877.

« On prépare, comme vous savez probablement, pour le mois de septembre, un grand
pèlerinage normand à Rome. Eh bien! je
désire de tout mon cœur en faire partie. Voilà
plus d'un mois que ce désir me poursuit. Je
n'en ai encore parlé ni à papa ni à maman, je
désire auparavant vous demander conseil, car,
si j'ai votre approbation, la victoire sera déjà
à demi gagnée. Vous serez, n'est-ce pas, mon
avocate auprès de papa? Les circonstances ne
sont-elles pas, d'ailleurs, favorables. J'ai toujours bien vivement désiré aller m'agenouiller
aux pieds de Pie IX, et demander à sa bénédiction la grâce de lui être un enfant toujours
dévoué. N'est-ce point le moment de satisfaire
ce désir? Je quitte Sainte-Marie et je regarde
l'avenir avec une certaine appréhension. Il y
en a tant qui ont abandonné Dieu! Il me
semble que la bénédiction du vaillant Pontife
me donnerait la force dont j'aurais besoin; et
puis, prier à Rome sur le tombeau des martyrs,
aller à Lorette! je crois que je reviendrai
meilleur.

« D'ailleurs, quelle occasion plus favorable
pour ce grand voyage ? Je ne dis point que je
ne verrai point les chefs-d'œuvre des arts,
mais c'est le moindre de mes désirs, et, si
j'allais à Rome dans d'autres circonstances,
qui sait si cela ne me distrairait pas trop ? Un
pèlerinage, c'est ce qu'il me faut.

. . . .

« Si je désire tant aller à Rome, c'est que
j'en sens le besoin. A notre époque, il faut
travailler pour le salut de la France et de la
société, et être des hommes, et j'ai encore tant
à faire pour le devenir; je suis si lâche, si
peu énergique! Il me faut de la force et du
courage, et où en mieux trouver qu'à Rome? »

. . . .

Il va ensuite au devant d'une objection
qu'on pourrait lui faire au sujet de sa santé :
« J'espère bien, dit-il, que le bon Dieu me
donnera les forces nécessaires pour accomplir
un voyage entrepris pour sa gloire.

« Voilà les seules difficultés que je vois
pour le moment. Je vous en prie, examinez-
les, voyez s'il n'y en a point d'autres et dites-
moi votre avis : je l'attends avec beaucoup

d'impatience, car je crois qu'il décidera à moitié de mon sort.

« Votre petit-fils qui vous aime de tout son cœur et qui voudrait aller prier pour vous à Rome. »

Ce pèlerinage, auquel le pieux jeune homme souhaitait tant de participer, ne put avoir lieu pour des raisons que nous ignorons. Ce fut un vrai sacrifice. Tout en se soumettant simplement à un événement derrière lequel se cachait pour lui la main de Dieu, il ne put néanmoins réussir à dissimuler complètement la contrariété que ce contre-temps lui causait. On a caressé longtemps dans son esprit un projet auquel on attache une grande importance, on n'a rien négligé pour le faire aboutir, on le croit déjà réalisé, et tout croule en un moment. Qui pourrait nier qu'il n'y ait là le sujet d'une peine assez vive ?

Quoi qu'il en soit des sentiments de M. Dubourg au sujet de cet incident, on ne pourra s'empêcher d'admirer, en passant, la pureté et la noblesse des motifs qui le poussent vers la ville des Papes. L'admiration s'accroît en-

core quand on songe que ces lignes sortent de
la plume d'un jeune homme de dix-sept ans.
A cet âge on a généralement d'autres désirs et
d'autres préoccupations en se rendant à Rome.
On ira pour grossir la liste des touristes,
mais on ne songera guère à aller, au milieu
des fortifiants souvenirs de la Ville Éternelle,
tremper son courage pour les luttes de la vie.
Pour Paul, voir Rome n'est pas une fantaisie. .
Il admirera sans doute les chefs-d'œuvre de
l'art chrétien, plaisir bien légitime assurément et que personne ne songera à lui interdire; mais ce n'est là qu'un but secondaire,
et pour lequel il n'eût jamais songé à solliciter
l'autorisation à laquelle il tenait tant. Son
but, il nous l'a dit, c'est de déposer son
activité aux pieds du Vicaire de Jésus-Christ,
et de mériter, par cette sorte de consécration
de lui-même à la plus grande autorité qui
soit ici-bas, d'être plus utile à son pays.

Ces sentiments étaient faits surtout pour
plaire à celle qui en était la confidente.
Mme Dubourg n'ignorait pas sans doute que
son petit-fils possédait de solides et précieuses
qualités d'esprit et de cœur. La haute estime

que maîtres et élèves professaient pour lui le disait assez haut : toutefois elle ne connaissait encore qu'imparfaitement cette âme d'élite. La timidité et la modestie du jeune homme avaient jusque-là voilé en partie, pour elle et pour tous les membres de la famille, les nobles aspirations qui mûrissaient sous le regard de Dieu. Ces premiers épanchements soulevèrent un coin du voile. Quelques semaines après, elle put se convaincre, par une conversation qu'elle eut avec lui, que les pensées exprimées dans sa lettre étaient bien le fruit spontané de son âme, et non de vaines formules débitées pour obtenir une permission vivement désirée.

C'était au début des vacances de cette même année. Paul s'était rendu à Falaise pour y prendre quelques jours de repos. Se trouvant seul avec sa grand'mère, la conversation fut naturellement amenée sur son avenir : « En causant avec moi, écrit Mme Dubourg, il me parlait de l'état militaire. — Oh! toi, mon Paul, tu ne seras jamais militaire. — Il me répondit : Vous n'en savez rien, ma grand'-mère; et pourquoi ne le serais-je pas ? — Je lui répondis : Parce que, ni ton tempérament, ni ton caractère ne s'arrangeraient de la vie de la caserne et de la vie des camps; cela convient à quelqu'un de plus robuste et de plus décidé que toi. — Alors il me dit : Je ne sais pas encore ce que je ferai, mais je veux faire quelque chose pour être utile à mon pays. — En effet, ajoute cette respectable dame, il eût été bien utile à son pays, si Dieu avait voulu lui laisser accomplir la belle mission dont il lui avait donné le goût, et qu'il eût remplie avec tant de zèle, si ses forces avaient répondu à sa bonne volonté. »

Une lettre écrite à l'un de ses amis, lors de son retour à Caen, nous initie davantage à ses projets d'avenir. C'est une histoire des sentiments de son âme et une sorte de commentaire de ces paroles échappées au jeune philosophe dans l'abandon de la conversation : « Je veux être utile à mon pays. » Nous citons à peu près intégralement, heureux d'associer ceux qui liront ces pages à la joie que nous avons éprouvée nous-même en les parcourant :

« Caen, 19 août 1877.

« Mon cher X***,

« Je te remercie beaucoup de ta lettre et de la confiance que tu m'y témoignes. Je veux tâcher d'en être digne. Je veux qu'une solide et sainte amitié nous unisse, afin que nous puissions nous aider mutuellement à être de meilleurs chrétiens et de meilleurs Français. Tu as peur que je te trouve fou. Eh bien! non; sans doute tu peux l'être pour certaines gens qui n'ont jamais songé qu'à leur égoïsme et à leurs plaisirs. Si tu es fou, je le suis aussi, et peut-être plus que toi, et je veux l'être encore davantage.

« Permets-moi de te raconter un peu mon histoire. Il y aurait des volumes à écrire s'il fallait raconter tous les rêves qui ont passé dans mon imagination. J'ai voulu tour à tour être voyageur, faire des découvertes, être grand savant, illustre capitaine, être grand homme politique, grand orateur, grand écrivain. Tout ce qu'un ambitieux peut rêver de plus extra-vagant, je l'ai rêvé. Je me suis vu accumulant toutes les gloires à la fois. Non-seulement j'ai rêvé et je rêve encore mille choses de ce genre, mais pendant longtemps j'ai dirigé ma conduite vers ces buts. J'ai été deux ou trois ans voulant être marin pour découvrir le pôle Nord. Si j'ai tant d'attrait pour les sciences, ce n'est pas tant par le plaisir que j'y trouve, que parce que j'y ai trouvé un moyen d'arriver à la gloire. Mais toutes ces chimères-là n'ont fait que jeter le trouble dans mon esprit.....

« Peu à peu, j'ai aimé beaucoup la France. Voici comment. Pendant notre malheureuse guerre, on nous a lu au réfectoire les *Faucheurs de la Mort* et les *Martyrs de la Sibérie.* Je retrouvai dans la description des malheurs de la Pologne les malheurs de la France. Plusieurs fois il m'est arrivé, le soir, de pleurer sur les maux de ces deux pays. Voilà ce que peuvent quelquefois de bons romans....... Qu'importe que Lamothe écrive mal, si ce qu'il écrit est bon et excite de nobles sentiments?..... Puis en aimant la France, j'appris à aimer Dieu ; et alors, au lieu de travailler simplement pour acquérir la gloire, je voulus travailler pour Dieu et pour ma malheureuse patrie. Mais, que de fois mes belles chimères reviennent ! Enfin, j'aime Dieu et la France, et, comme je crois ne pouvoir les mieux servir qu'en étant soldat et polytechnicien, je veux l'être. Je t'avouerai que mon plus grand désir est de tomber sur quelque champ de bataille, pour le Pape ou pour la France, toutefois après avoir tué ma bonne part d'ennemis.....

« Sans que cela paraisse, j'ai beaucoup, beaucoup souffert. Mon ambition, amenant avec elle beaucoup d'amour-propre, m'a causé de vives souffrances..... Si tu savais quelle émotion cela me cause quand j'entends le clairon, la musique militaire, quand je vois quelque officier ! Je t'avouerai bien que ce n'est pas sans émotion non plus que je lis les récits des missionnaires, que je vois l'habit blanc des Prémontrés et des Dominicains, que je parle des Jésuites, etc. Mais ce n'est pas là que Dieu m'appelle. J'ai le pressentiment autant que le désir que je combattrai, que je verserai mon sang sur quelque champ de bataille. Une vie moins active ne me rendrait pas heureux, je sens que j'y serais mal à l'aise. Que de fois, après des jours de sortie employés à flâner, j'ai déploré le temps perdu ou inutilement employé !.....

« Il n'y a rien, absolument rien, d'exagéré dans ce que je te dis ; mais, je t'en prie, silence absolu, pas un mot de tout ceci. Prie pour moi, afin que tout se débrouille et que je puisse bien accomplir mes devoirs ; et surtout n'oublie pas de me donner un bon conseil.....

« Nous sommes sur la terre pour souffrir, et pour beaucoup souffrir. Plus notre tâche sera rude, tant mieux. Plus Jésus-Christ nous aime, plus il nous fait souffrir..... C'est pour tout cela que j'eusse désiré aller prier à Rome sur le tombeau des saints martyrs ; mais ce sera pour plus tard. J'espère que nous nous y retrouverons.

« Au revoir ; prie quelquefois pour ton ami. »

Si le destinataire des lignes qu'on vient de lire était entré dans les désirs de Paul, elles ne seraient jamais tombées sous nos yeux. A peine celui-ci les avait-il écrites, qu'il se repentait presque de l'avoir fait. Dans cette lettre même, il recommande la plus grande discrétion : « Je t'en prie, silence absolu ! » Et, quelques jours après, écrivant de nouveau :

« Je viens te demander de faire disparaître
immédiatement, c'est-à-dire de brûler la dernière lettre que je t'ai écrite. Je veux que rien
de ce que je t'ai dit ne soit et ne puisse être
jamais connu. » Et, comme son ami, dans sa
réponse, ne touchait pas à ce point de la lettre,
il revient à la charge : « Tu gardes le silence
sur ma demande : je t'en prie, brûle ma fameuse lettre ; c'est pour toi seul que je l'ai
écrite. Tu me ferais regretter de m'être confié
à toi. Je ne veux pas qu'on puisse connaître
jamais ce coin de ma vie. » Son ami crut en
être quitte avec sa conscience en brûlant la
lettre, après avoir eu soin d'en faire une copie.
Nous n'avons pas à justifier la conduite d'un
jeune homme qui, pour ne pas se conformer
complétement aux désirs de son ami, obéissait
assurément aux plus louables sentiments. Il
serait heureux plus tard, quand il sentirait
ses forces morales diminuer, d'aller se retrem-
per dans la lecture de ce mâle langage.

Paul entendait que ces épanchements dans
le sein de l'amitié y restassent à jamais ense-
velis. Il tremblait à la pensée que ce « coin
de sa vie » pourrait être un jour connu. Nous

respectons ces sentiments de modestie d'autant
plus louables qu'ils sont plus rares; mais il
nous est permis, à nous, qui nous plaçons à
un autre point de vue, de n'être pas de son
avis : il y a trop de pages en faveur de la
lâcheté et de l'égoïsme pour qu'on ne s'estime
pas heureux de conserver, pour l'édification
de tous, celles qui nous parlent la belle langue
du dévouement et du sacrifice.

Paul veut à tout prix remplir sa tâche ici-
bas ; peut-être l'amour-propre occupe-t-il
d'abord trop de place dans ce besoin qu'il
éprouve de dépenser vaillamment son activité
intellectuelle et morale? Il en convient lui-
même, et volontiers nous en convenons avec
lui. Voiler les inclinations de la nature pour
mieux faire ressortir la vertu serait une
étrange spiritualité. On veut voir un homme
luttant avec courage et disputant pied à pied
au démon l'empire que lui donne sur lui le
péché originel, et non un ange dominant sans
conteste sur toutes ses puissances morales :
c'est plus conforme à l'idée que nous nous
faisons de la nature humaine, et moins décou-
rageant pour notre faiblesse.

Au reste, on conviendra qu'il n'y a rien de vulgaire ici, et nous souhaiterions de rencontrer ces élans généreux chez un plus grand nombre de jeunes gens. La religion peut avoir encore à faire là, mais quel terrain pour la grâce! L'heure de Dieu sonne presque toujours pour ces âmes droites, loyales, ardentes, et, à l'appel du maître, elles entrent résolûment dans le sillon creusé par les saints : aussi l'Église, loin de détruire ou même de mutiler ces qualités naturelles, se borne à purifier et à transfigurer, et, à vrai dire, personne n'a jamais songé à élever l'édifice moral sur les ruines de la nature.

La lettre de Paul nous fait assister à ces secrètes sollicitations de la grâce, et à la fidèle correspondance du jeune homme aux avances divines. Il lutte énergiquement contre les pentes de la nature : il peut sentir les fumées de la vanité monter jusqu'à lui, mais jamais il n'en est enivré. Grâce à ce travail opiniâtre, il sort peu à peu de lui-même pour se jeter en Dieu, et il arrive un moment où il peut s'écrier : « Enfin, j'aime *Dieu* et la *France!* »

Disons-le hautement à la gloire de l'humanité, ce qui fait le plus grand charme de ces épanchements, c'est qu'ils donnent la clef d'une âme qui veut, et qui veut grandement : c'est le moi, sans doute, mais non le moi haïssable, bien plutôt celui dont on aime à entendre les confidences, parce qu'elles s'adressent à ce qu'il y a de meilleur en nous et y réveillent plus vivace le sentiment du devoir. Il est beau, en effet, de voir un jeune homme quitter les routes battues, se détacher de la foule pour se placer à son tour à côté de Jésus et l'aider, selon l'admirable expression de sainte Thérèse, à porter sa croix. Il est beau de le voir se moquer des sentiments du monde, sauf à passer pour fou à ses yeux, pourvu qu'il fasse son devoir. Quand on rencontre une de ces âmes, on s'incline avec respect ; on fait plus, on l'aime, et de l'amour à l'imitation il n'y a qu'un pas.

Les deux lettres de Paul déjà citées ne sont pas seulement pour nous la révélation d'un beau caractère, elles nous permettent, en les rapprochant de quelques autres écrites plus tard avant son entrée au Grand Séminaire,

de refaire à grands traits l'histoire de sa
vocation.

On a pu s'assurer qu'il n'a jamais éprouvé
la tentation de ne rien faire de sa vie, et que
l'idéal qu'il rêve pour son avenir n'a rien de
commun avec ce vulgarisme où s'étiolent tant
d'autres, faits pourtant pour l'action. Pour lui,
le problème à résoudre est celui-ci : Comment
serai-je plus utile à mon pays? De là ces
rêves tour à tour entrevus, caressés, aimés et
puis abandonnés, parce que les conditions du
problème ne sont pas remplies, et que le
mieux lui apparaît sous une autre forme. Un
moment, il pense avoir trouvé la solution. Il
se croit une vocation pour les armes. Les
lectures du réfectoire à Sainte-Marie lui ont
montré, à travers les malheurs de la Pologne,
l'image de la Patrie flétrie et déshonorée.
Cette idée d'une France humiliée le poursuit
partout et l'émeut jusqu'au plus intime de
son être, au point de lui faire verser des
larmes de tristesse; son cœur plus que son
esprit lui a montré toute la beauté du dévouement militaire : il sera soldat. Dès lors il
n'a plus qu'une ambition, servir sa patrie par

l'épée et mourir, s'il le faut, pour elle, sur quelque champ de bataille ; et, en attendant qu'il lui soit donné de satisfaire ce désir, la vue du costume militaire suffit pour produire sur lui d'indicibles émotions.

Un voyage qu'il fit à Paris, pendant les vacances qui suivirent son année de philosophie, ne contribua pas peu à développer chez lui cette sorte de culte pour la vie des camps. Son père le conduisit à l'Odéon, à la représentation de l'*Hetman,* drame en cinq actes, dû à la plume de Paul Déroulède. Hetman est le nom qu'on donne au chef des Cosaques, habitants de l'Ukraine. Le poëte nous fait assister à une insurrection de ces peuples contre la Pologne, qui les avait asservis. La Pologne opprimant, cela paraît étrange au XIXe siècle ; enfin, cela a pu être à d'autres époques.

Nous n'avons pas à apprécier ici le caractère du poëte. Quant à l'œuvre, elle est de celles qui provoquent l'attention ; l'auteur a pu se mettre parfois trop à l'aise avec les règles de la poétique, mais que de beautés rachètent ces imperfections ! Il y a çà et là des coups d'aile qui font rêver à Corneille, et répandent partout une saveur de patriotisme qui enivre. On s'explique aisément l'impression que dut faire sur M. Dubourg un drame qui répondait si bien à ses aspirations : elle fut profonde.

Nous tenons ces détails de son père, assistant à côté de lui à la représentation de l'*Hetman*. Nous en trouvons, du reste, un témoignage véridique dans un petit recueil où il a fait entrer les plus beaux passages de ce drame.

Qui n'a voulu avoir son recueil de littérature, pendant qu'il était encore sur les bancs du collège? C'est là que l'humaniste ou le philosophe déposent leurs amours littéraires, trésor chéri qu'ils aiment à visiter fréquemment, afin de nourrir et de vivifier cet amour si délicat et si pur des Lettres humaines. Paul a le sien, mais il faut l'avouer, il est exclusif; il ne donne asile qu'à la poésie, et encore à celle qui chante la patrie, ses grandeurs passées, ses malheurs présents, nos devoirs envers elle, et surtout l'espérance de la voir rendue bientôt à ses beaux jours d'autrefois. C'est dire que ces extraits, au nombre

de 5o ou 6o environ, donnent tous la même
note. On n'est pas longtemps à deviner que
le cœur a fait le choix, et que l'idée de cette
Patrie qu'il faut aimer et servir a sans cesse
été présente à celui qui tenait la plume. On
éprouve un véritable plaisir à la lecture de ces
vers, car on y trouve dans la plupart cette
cadence, ce rhythme, cette sorte de musique,
qui font le charme de la belle poésie ; mais,
quand on apporte à les parcourir les sentiments
de celui qui les transcrivait, quand on lit,
non-seulement avec son esprit, mais avec son
âme tout entière, surtout si Dieu y a mis une
étincelle de feu sacré, la jouissance est tout
autre. On les aime parce qu'ils nous prêchent
une doctrine éminemment chrétienne : l'amour
du sol natal, la pratique du sacrifice, le re-
noncement du plaisir en face du devoir. Quand
on a lu, on veut relire, et on va comme d'instinct aux passages qui font le mieux vibrer la
corde du patriotisme.

En tête est placé le signe de notre Rédemption avec cette devise empruntée à M. de
Bornier :

✝

« Pour le Christ et pour la France. »

On nous saura peut-être gré de citer quelques vers.

Le recueil s'ouvre par un chant de Victor de Laprade sur la France. Nous en détachons la première strophe, tout en regrettant que les bornes que nous devons nous imposer dans ce petit travail ne nous permettent pas de tout citer :

> Si vous voulez, dans votre cœur,
> Quand mes os seront sous la terre,
> Sauver ce que j'eus de meilleur,
> Gardez mon âme tout entière.....
> Aimez, sans vous lasser jamais,
> Sans perdre un seul jour l'espérance,
> Aimez-la comme je l'aimais,
>   Aimez la France !

L'âme de Paul est là tout entière.

Nous avons dit que ces extraits rendaient un même son. Qu'on en juge par quelques autres vers venant immédiatement après dans ce recueil : les premiers empruntés à la *Fille de Roland* de M. de Bornier, les autres aux *Nouveaux chants du soldat* de Paul Déroulède :

O France ! douce France ! ô ma France bénie !
Rien n'épuisera donc ta force et ton génie !
Terre du dévoûment, de l'honneur, de la foi ;
Il ne faut donc jamais désespérer de toi,
Puisque, malgré tes jours de deuil et de misère,
Tu trouves un héros dès qu'il est nécessaire.

Le passage de P. Déroulède s'adresse aux mères françaises :

Mère, si ton enfant grandit sans être un homme,
S'il marche efféminé vers son devoir viril ;
Si, d'un instinct pratique et d'un sang économe,
Sa chair épouvantée a l'horreur du péril ;
Si, quand viendra le jour que notre honneur réclame,
Il n'est pas là, soldat, marchant sans maugréer,
O mère, ta tendresse a mal formé cette âme :
S'il ne sait pas mourir, tu n'as pas su créer.

Nous finirons ces citations en relevant un sentiment d'indignation contre ceux qui vont chantant la fraternité des peuples, tout en

abdiquant leurs devoirs en face des malheurs
de la Patrie :

Ah ! faiseurs de pamphlets et chercheurs de doctrines,
C'est vous, les impuissants, qui nous avez détruits !
C'est votre esprit qui vient crier sur nos ruines :
Ne sois d'aucun devoir, tu n'es d'aucun pays !

Ces derniers vers sont également de P. Déroulède : ils sont extraits des premiers *Chants
du soldat*.

Paul aimait donc sa Patrie et rêvait de la
servir sous les drapeaux. Au reste, il comprenait toute l'étendue de cette mission et
entendait qu'on se donnât de la bonne sorte.
Il s'en explique quelques mois plus tard dans
une lettre datée de la rue des Postes et
adressée à son frère René :

« Le P. du Lac nous a parlé de la France,
de Jeanne d'Arc ; il nous a dit que ce n'étaient
pas les voix qui manquaient, mais les cœurs
pour y répondre. Hélas ! n'est-ce point bien
vrai ? Quand il nous parlait de la France,
nous applaudissions ; mais combien y en a-t-il
qui, quelques minutes après, n'ont plus songé
à ces grandes paroles qui les émouvaient il y
a quelques instants ? Parmi les 80 ou 100 de

cette école qui ont été reçus cette année à
St-Cyr, combien y en a-t-il qui soient vraiment soldats, qui aillent là se disant : « Je
veux servir vraiment mon pays, je me donne
tout à lui ? » Mais combien, au contraire, qui
seront soldats une dizaine d'années à peine,
soldats de nom, traînant leur sabre sur les bou-
levards, mais n'aimant pas leurs soldats, ne
sachant se faire obéir que par les punitions ! »

Mais la recherche du mieux ne devait pas
s'arrêter là. La pensée de se faire prêtre s'était
présentée à lui dans son enfance ; il était alors
trop jeune pour étudier de près cet appel de la
grâce. Durant ses classes, cette pensée ne
reparaît plus, ou du moins nous n'en trouvons
pas de traces. Il n'a en vue que les armes, et,
chose digne de remarque, c'est au moment où
bouillonne davantage en lui cette humeur
belliqueuse, durant sa philosophie, que la
voix de Dieu se fait entendre de nouveau. La
correspondance de cette époque ne saurait
nous éclairer sur le travail qui s'était fait dans
son âme ; tout au plus quelques allusions
montrant un esprit non encore définitivement
fixé ou laissant soupçonner d'autres rêves.

Dans la conversation avec sa grand'mère, il reconnaît que ses idées au sujet de son avenir ne sont pas encore arrêtées; avec son ami, il va plus loin, il avoue que l'habit du religieux ne l'émeut pas moins que l'habit militaire; mais, comme s'il craignait d'en avoir trop dit, il se hâte d'ajouter incontinent que ce n'est pas dans l'état religieux que Dieu le veut. Il ne s'en ouvre pas davantage.

Réduits à ces simples données, nous lui croirions une véritable vocation militaire, et cependant il n'en est rien, car il pensait dès lors très-sérieusement à l'état ecclésiastique. Nous l'apprenons par une lettre écrite trois ans plus tard, deux mois avant son entrée au Grand Séminaire, et adressée à son cher Abel, qui venait de quitter Issy pour entrer au Séminaire de St-Sulpice :

« 3 octobre 1880.

« Mon cher Abel,

« Ma vocation remonte déjà à quatre ans au moins, à notre dernière année de Sainte-Marie. En entrant en philosophie, je ne rêvais que canons et machines. Mais un beau

jour, comment? à propos de quoi? il me vint
à l'idée d'être jésuite; d'abord l'idée me parut
drôle. Si j'ai bon souvenir, il m'arriva même
d'en plaisanter avec vous autres. Mais je ne
plaisantai pas longtemps; mon idée revenait
fréquente et sérieuse, si bien qu'à la fin de
mon année de philosophie j'avais à peu près
renoncé aux canons, aux machines. » — Il
complète sa pensée dans une autre lettre
écrite au condisciple qu'il avait déjà fait le
confident de ses rêves d'avenir : — « C'est en
philosophie que, pour la première fois, la
pensée d'être prêtre m'est venue. Mais, en me
rappelant mes idées antérieures, il me semble
y voir un acheminement progressif vers cette
pensée, et il m'est impossible de n'y voir pas
l'inspiration de Dieu. »

Toutefois, il ne crut pas devoir faire dès
lors une démarche décisive et entrer immédiatement au Séminaire. Personnellement il
reconnaissait la nécessité de mûrir cette décision, afin qu'on ne pût pas mettre sur le
compte d'un enthousiasme passager ce qui
était l'œuvre de Dieu, et il acceptait d'autant

plus volontiers ce délai, qu'il avait quelques raisons de croire qu'il serait exigé par sa famille dans le cas où des ouvertures lui seraient faites là-dessus.

Disons-le, du reste, ce n'est pas subitement et par une sorte d'illumination soudaine que se fait le revirement dans ses idées. Son âme se débat quelque temps entre la soutane et l'épée. Oh! cette épée française, ne l'avoir entrevue qu'en rêve! Quel sacrifice! Mais voici que, pendant que se livre en lui cette lutte entre le dévouement militaire et le dévouement sacerdotal, il a cru entrevoir le moyen de satisfaire au double besoin de son cœur et de se dévouer en même temps pour ces deux mères, l'Église et la Patrie : à l'une il donnera ses premières ardeurs, à l'autre il consacrera le reste de sa vie : « Voici déjà longtemps, écrit-il, que j'ai entendu l'appel de Dieu, mais alors je rêvais de servir auparavant mon pays par l'épée. »

C'est dans cette sollicitation vers ces deux formes diverses du sacrifice, autant que dans le secret dont il veut entourer une décision qui s'impose de plus en plus à son esprit, qu'il faut chercher la réponse aux apparentes contradictions de sa correspondance, durant son année de philosophie et celle passée à l'École Ste-Geneviève. Alors même que sa vocation à l'état ecclésiastique est à peu près tranchée, non-seulement il n'en parle pas dans ses lettres, mais il laisse entendre que ses goûts militaires persistent avec la même vivacité : « Si je dois renoncer à l'École polytechnique, dit-il, je crois que je me préparerai à St-Cyr ; il me semble que Dieu veut que je sois soldat. Pour ne pas laisser à ma tête le temps d'éclater par les sciences, j'espère que Messieurs les Prussiens ou les Révolutionnaires Italiens voudront bien me la faire sauter d'ici à quelques années..... Notre pèlerinage de Rome, pour être remis, n'est pas perdu. J'espère bien que, dans les années qui viendront, nous pourrons le faire : ce sera peut-être pour prendre un fusil et lutter contre les Révolutionnaires. »

Paul, ne pouvant se rendre à Rome, voulut au moins aller prier aux pieds du grand archange saint Michel. Il n'eut pas de peine à obtenir cette autorisation ; il fut même décidé que son père l'accompagnerait. Leur itinéraire était tracé : du Mont, les deux pèlerins se rendraient à Jersey et visiteraient, en rentrant, les principaux monuments de la Manche, notamment la cathédrale de Coutances, admirable chef-d'œuvre du style ogival. Au dernier moment, le projet de pèlerinage parut compromis comme celui de Rome. Le père de Paul tomba malade et fut obligé de prendre le lit. L'affectueux jeune homme oublie la peine que lui cause ce nouveau contre-temps, pour ne penser qu'à son père. Dans toutes les lettres qu'il écrit, il demande à ses maîtres comme à ses amis un petit souvenir pour une santé qui lui était si chère. Cette maladie cependant n'eut pas de suites graves, et M. Dubourg, se trouvant mieux, engagea son fils à se rendre au Mont-Saint-Michel en compagnie de l'un de ses amis.

Après avoir tracé à son compagnon de voyage l'itinéraire à suivre, Paul ajoute : « C'est bien de se récréer, mais il faut travailler à se rendre utile à notre pauvre France. C'est à nous de venger ses défaites et surtout de conquérir le pardon de Dieu. Nous ne

devons pas oublier que c'est là notre devoir.
Me voilà parti dans le sermon : que dirait
X*** ? Il me traiterait encore de jésuite, comme
s'il n'y avait que les jésuites à vouloir accomplir leur devoir. En attendant, monte bien à
cheval, amuse-toi bien, repose-toi bien, afin
de bien travailler plus tard. Une petite prière
pour moi quelquefois, je t'en prie. »

C'est toujours du même point de vue élevé
et chrétien qu'il voit et juge tout ; partout la
nature s'efface pour céder le pas à la grâce. Il
va au Mont-Saint-Michel comme il voulait aller
à Rome, non pour y chercher une distraction
et un délassement, mais pour affermir dans
son âme la résolution, chez lui sérieuse, de
vivre pour sa « pauvre France. » Ce pèlerinage lui procura de bien douces jouissances.
Il en rendit compte à son retour : « Nous
avons pu visiter le cloître qui, paraît-il, est
souvent invisible à cause des travaux. Mais ce
n'est là qu'une partie de ce prodigieux édifice.
Qu'il montre bien la puissance de l'homme
quand l'amour de Dieu soutient et excite ses
forces ! Comme on est bien disposé à prier
Dieu, à invoquer le puissant archange qui

veille sur ce mont! On retrouve autour de son autel de beaux ou de tristes souvenirs, le sabre de Lamoricière, la bannière de l'Alsace, la bannière offerte par les zouaves pontificaux. »

Son cœur aimant fut très-touché de l'accueil qu'il reçut dans la famille du condisciple qui l'avait accompagné au Mont-Saint-Michel : « C'est avec regret que j'ai quitté si tôt les B***. C'est une si aimable famille! Mme de B*** est si bonne ! Je me sentais, quoique je sois un peu timide, presque aussi à mon aise que si je me fusse trouvé dans ma famille ; mais je suis en contradiction avec moi-même : je donne des louanges et je défends d'en donner ; mais elles sont si bien méritées ! » Ces dernières paroles font allusion à des observations que s'était attirées le destinataire de cette lettre, à l'occasion de certains compliments : « Je désire que tu modères ton admiration pour ma personne, lui avait-il écrit à ce sujet. Tu veux faire de moi un petit saint! Gare à la flatterie, c'est mauvais. H*** n'a trouvé rien de mieux l'autre jour que de me lire, en présence de sa mère et de son frère, les belles phrases que tu lui as écrites sur mon compte.

J'étais dans de beaux draps ; aussi comme j'ai envoyé promener lestement le lecteur et l'écrivain ! Tu ne me connais qu'à demi et tu veux me juger ! Si Dieu m'a fait la grâce de l'aimer un peu, je suis loin d'être un petit saint, comme tu sembles l'imaginer et le faire croire aux autres. Plus de ces admirations et de ces belles épîtres comme tu en lances de tous côtés : je déteste les louanges. »

Nous ne voulons pas dire que Paul fût déjà un saint, mais il pensait à le devenir, et celui-là même à qui s'adressait cette fraternelle correction, venait d'en recevoir quelques jours auparavant l'aveu de sa bouche : « Ton insuccès m'a causé bien de la peine, lui mande-t-il. Si pénible qu'il soit, il faut bien cependant l'accepter avec résignation. Dieu sait bien ce qu'il fait et ce qu'il permet. Il t'éprouve, il est vrai : n'est-ce pas bon signe ?..... Nous devrions répéter les paroles de sainte Thérèse : *Aut pati, aut mori.* C'est là une belle théorie, mais pour la mettre en pratique, il faudrait être des saints, ce que, hélas ! nous ne sommes point, mais il faut tâcher de le devenir. »

PAUL DUBOURG

II

ÉCOLE SAINTE-GENEVIÈVE

PAUL DUBOURG

ÉCOLE SAINTE-GENEVIÈVE

Paul ayant fini ses études à Sainte-Marie, son père dut s'occuper du choix d'une nouvelle maison, en vue de la préparation aux carrières civiles ou militaires. Une double pensée le guida dans ce choix : trouver dans les nouveaux maîtres qu'il donnerait à son fils des hommes capables d'achever l'œuvre de formation intellectuelle que des succès constants promettaient si féconde, et en même temps lui assurer un enseignement qui, loin de détruire celui de Sainte-Marie, le continuât, le fortifiât, le couronnât. L'école Sainte-Geneviève, dirigée par les PP. Jésuites, avait été fondée à Paris pour répondre à ce double besoin; il fut décidé que Paul y entrerait au mois d'octobre.

Le pieux jeune homme fut enchanté d'une décision qui répondait si bien à ses désirs. L'école de la rue des Postes allait continuer l'œuvre et les traditions de Sainte-Marie. Là comme ici, son âme serait réchauffée au contact des âmes sacerdotales, et, au milieu de ces cœurs bien gardés, de ces intelligences soigneusement cultivées, sa vertu pourrait jeter de plus profondes racines, sa vocation se mûrir et se fortifier, ses généreuses ardeurs prendre un nouveau développement. Ces avantages adoucissaient pour lui la peine qu'il éprouvait à quitter pour jamais une maison où il avait été initié à l'amour de la science et de la vertu. Au reste, il n'oubliera jamais ce premier séjour : durant les courtes années qu'il a encore à vivre, ses souvenirs se reporteront fréquemment vers Sainte-Marie, et, parmi les rêves des derniers mois de sa vie, nous retrouverons celui de se dévouer à l'instruction de la jeunesse sous la conduite de ses premiers maîtres; c'est que Paul, comme toutes les natures délicates, avait la mémoire du cœur. « Nous sommes malheureusement habitués à l'oubli, nous dit à ce sujet M. Manoury, de la part de nos élèves. Il n'en était pas de même de Paul. Pas une circonstance grave dans la vie de cet enfant ne m'a été ignorée. »

Dans les premiers jours d'octobre 1877, Paul prenait le chemin de la capitale et allait grossir les rangs de cette jeunesse studieuse et ardente de la rue des Postes. Le soir même de son entrée, le concierge lui remit une image à son adresse, sur le dos de laquelle on lisait : « Il faut quitter tout, parents, amis, plaisirs, quand Jésus appelle, et faire comme saint Pierre, qui suivit partout son Maître : *Relictis retibus et patre*. O mon Dieu, donnez-moi la grâce de ne plus jamais chercher, dans mes pensées, mes désirs et mes actes, que l'accomplissement de votre sainte volonté, abandonnant même, s'il le faut, les affections les plus légitimes. »

Ces lignes étaient signées par l'un de ses amis entré récemment au Séminaire d'Issy. A. E. entendait-il parler pour lui seul, ou voulait-il associer son ami à ses sentiments et réveiller chez celui qu'il croyait appelé à de plus grandes choses d'autres idées que celles des armes? Il serait difficile de le dire; en tout cas, le nouvel élève des Jésuites croit un moment son secret dévoilé et connu de plusieurs de ses condisciples. Il s'en ouvre au prêtre, seul confident jusque-là de ses projets d'avenir, qui lui répond : « J'entends soûvent parler de vous, on vous conserve si bon souvenir! mais n'ayez pas peur qu'il y ait des indiscrétions; les têtes sont à cent lieues au moins de la réalité. »

Le billet cependant arrivait à propos, et l'élève d'Issy, qu'il s'en doutât ou non, parlait à un futur séminariste, déjà en état d'entendre, comme lui, ce détachement chrétien; et, coïncidence frappante, c'est à cette date, dans ces premières années passées à la rue des Postes, que Paul sent se réveiller plus fort l'attrait vers l'état ecclésiastique. Son esprit même fait un pas de plus dans cette voie. Jusque-là il n'a envisagé que le sacerdoce en général; en s'accentuant son attrait se particularise; c'est vers l'éducation de la jeunesse qu'il se sent incliné. Déposer la vérité dans les jeunes intelligences, non pas la vérité tronquée et amoindrie par une philosophie sans Dieu, mais la vérité dans toute sa beauté et toute sa pureté, telle que nous la donne le catholicisme, fortifier ces volontés pour les grandes tâches sociales, imprimer en ces âmes la grande et féconde pensée du devoir, les ouvrir à tous les souffles chrétiens, afin d'en faire comme autant de centres d'action pour la régénération de son pays : ce sera le nouveau programme de sa vie. Il pourra se modifier dans les détails, mais il restera pour lui, dans son fonds, comme l'idéal d'une existence saintement utilisée.

La vue du dévouement qu'il a sans cesse sous les yeux donne naissance à ce nouveau rêve; nouveau, c'est trop dire; en réalité c'est le même, mais s'ancrant davantage dans l'âme, en se fixant et en se circonscrivant. L'œuvre des PP. Jésuites devient l'œuvre de son choix et il se demande s'il n'est pas appelé à tra-
5

vailler parmi eux. Il écrit dans ce sens au
témoin habituel de ses sentiments les plus
intimes. Celui-ci est heureux de ces communications; il y voit une nouvelle garantie de
vocation; toutefois le moment ne lui paraît pas
encore venu de se prononcer définitivement sur
une affaire aussi délicate. Il se borne à enga-
ger fortement le pieux jeune homme à correspondre à la grâce, et à attendre la consécration
du temps au sujet de l'attrait pour la Compagnie de Jésus.

Les PP. Jésuites donnaient tous les ans à
leurs élèves une retraite de trois jours, quelque temps après la rentrée. Paul, sentant
vivement l'importance de ces exercices spiri-
tuels, chercha par tous les moyens à en
assurer le fruit. Écrivant, avant de les commencer, à Mme Dubourg, sa grand'mère, il
finissait ainsi sa lettre : « Je vous quitte, ma
chère Maman, pour retourner à mon travail;
mais permettez-moi, en terminant, de vous
faire une petite demande. Dimanche prochain, commence notre retraite, elle durera
jusqu'à mercredi. Demandez, je vous en
prie, à Dieu que je la fasse bonne; car je

veux toujours rester bon enfant, et il va falloir que, pendant ces deux ou trois ans, je fasse provision de forces morales pour quand je serai à l'école polytechnique. » Il écrivait à Mme Le Guay, sa tante : « Je veux vous faire une petite demande que j'ai déjà faite à papa, maman et maman Auguste (Mme Le Boucher). Notre retraite commence ce soir. Je vous en prie, pensez à votre neveu devant le bon Dieu, pour qu'elle soit bonne, car une bonne retraite c'est une bonne année, et j'ai besoin de faire une bonne année, pour que Dieu me fasse la grâce de rester toujours ce que je veux être, bon catholique et bon Français. » A son ami du séminaire d'Issy il disait : « Si je demande avec tant d'instance des prières pour le succès de ma retraite, c'est que, si le mal l'emporte à notre âge, c'est le plus souvent pour toujours. » Son ami venait lui-même de vaquer aux mêmes exercices. Il en profite pour rappeler à Paul les considérations qu'il vient de faire, afin de l'aider, par ces détails rétrospectifs, dans cette œuvre de transformation morale. Nous devons citer les dernières lignes de cet épanchement amical : « Je prie avec toute l'ardeur dont je suis capable pour que tu fasses une bonne retraite. Oh! si le bien l'emporte, comme Paul et son ami seront heureux avec Notre-Seigneur Jésus-Christ! » Grâces en soient rendues au ciel, le bien l'a emporté, et les deux amis, après avoir beaucoup aimé leur commun Maître ici-bas, le louent maintenant, comme nous l'espérons, dans la Patrie.

Cette retraite fut excellente. On en jugera par les résolutions prises par le pieux jeune homme :

✝

Christi miles sum.

Aujourd'hui 1er novembre 1877, fête de tous les Saints, clôture de la retraite, je prends les résolutions suivantes :

I. Esclave de Dieu, soldat du Christ, pour toute ma vie je soumets ma volonté à celle de mon Créateur : *Fiat Domine, voluntas tua, nunquam mea.* Pour but à toutes mes actions, à tous mes travaux, je propose la plus grande gloire de Dieu, *semper A. M. D. G.* Les yeux fixés sur l'étendard sacré de la croix, toujours je marcherai en avant dans la route du devoir, sans regarder à ce que l'on pourra faire ou dire autour de moi, sans craindre ni opprobres, ni souffrances, ni mort.

II. Jamais non plus je ne veux commettre même un péché véniel, de complet propos délibéré. Plutôt mourir.

III. Pour m'affermir dans cette résolution, durant ces deux mois, je méditerai une fois par semaine sur la croix de mon Jésus, sur le péché, sur l'enfer.

IV. Je combattrai mon orgueil. Pour cela, je me rappellerai tous les jours à la sainte Messe que tout ce qu'il peut y avoir de bon en moi me vient de Dieu, sans le secours duquel peut-être serais-je plus criminel que Judas. J'éviterai autant que possible de parler de moi. Je m'efforcerai de soumettre ma volonté à celle des autres.

Je prendrai note chaque soir, à cinq heures, des victoires et des défaites, et pour chaque défaite une pénitence.

V. Pour lutter contre la sensualité, je me rappellerai que mon corps n'est que boue et que limon, l'esclave de l'âme. Je me priverai tous les jours d'un mets quelconque. Si j'oublie, la mortification sera doublée le lendemain.

Tous les jours, je renouvellerai ces promesses, demandant au Sacré-Cœur, à la sainte Vierge, à saint Joseph, à saint Michel la force pour les accomplir.

O Cœur sacré, faites-moi mourir pendant que je suis à vous plutôt que de permettre que je vous offense plus tard en travaillant contre vous. Faites-moi souffrir ; humiliez-moi ; donnez-moi l'humilité, la sobriété, le courage. Faites que je connaisse, que j'aime, que je porte votre croix ! Oh ! mon Jésus, donnez-moi la force pour accomplir ces résolutions ; je vous jure d'y être toujours fidèle avec le secours de votre grâce.

Voici un écho du Calvaire. Paul commence à comprendre la grande leçon de Jésus : qu'aimer, c'est vivre d'office sur la croix. Le mémorial de sa retraite s'ouvre par une totale donation de lui-même à son Créateur : « Esclave de Dieu, etc... », formule que tout le monde voudra graver dans son esprit et plus encore dans son cœur ; il se termine par cette

touchante prière au Sacré-Cœur : « Faites
que je connaisse, que j'aime, que je porte
votre croix ! » A la vérité, cette leçon, Jésus-
Christ la donne à tous ; il tient école parmi
nous, et c'est aux pieds de la Croix qu'il
appelle toute l'humanité ; mais, hélas ! que
petit est le nombre de ceux qui entendent la
leçon ! La foule n'est pas là, elle passe presque
indifférente en face de tant d'amour. J'ai
cherché, s'écrie Jésus, j'ai demandé, j'ai attendu quelqu'un qui voulût partager mes
souffrances, et je n'ai trouvé personne. Le
délaissement de Notre-Seigneur ne rend que
plus admirable la générosité de ces jeunes
gens qui se lèvent çà et là pour faire escorte
au Bien-Aimé et clouer sur la croix une chair
innocente. Il y a dans ce crucifiement de la
nature humaine un genre de beauté dont rien
n'approche. Travailler, c'est déjà faire l'œuvre
de Dieu, c'est lutter contre soi-même et re-
monter le courant ; mais se crucifier, c'est
aller bien plus avant et faire l'œuvre éminemment divine, et encore qu'on soit simplement
sage en marchant dans cette voie, on ne laisse
pas d'avoir trouvé la source de la vraie gran-

deur morale. Paul veut faire l'apprentissage de cette divine sagesse ; cette pensée du sacrifice domine tout : « Je ne sais pas encore ce que je ferai, écrit-il à cette date ; mais où que je sois, je veux me sacrifier pour mon Dieu. »

La première obligation d'un jeune homme qui veut offrir son concours à Dieu est de travailler courageusement dans la mesure de ses forces ; sans cela, les natures, même les plus heureusement douées, ne s'acquittent qu'imparfaitement de leur tâche ici-bas. Paul n'avait pas besoin d'être excité à marcher dans cette voie ; il fallait plutôt modérer son ardeur, pour ménager une santé qui commençait à inspirer quelques inquiétudes. Il écrivait à un de ses amis : « Je te l'avoue, je n'ai pas de temps à perdre, d'autant plus qu'à cause de ma petite santé, je suis dans le dortoir des dormeurs, ou autrement dit des paresseux, dans lequel on se lève une heure plus tard, et il faut rattraper le temps perdu. Donc, du matin au soir, je suis plongé dans les mathématiques ou la physique. Nous sommes les disciples du vrai, mais pas du beau. »

Encore que des pages de chiffres ne fussent pas pour lui le beau, il aimait néanmoins ses études et s'y livrait tout entier, comme on peut s'en assurer par une lettre à un étudiant en droit de la Faculté de Caen : « Tu vas faire ton droit. Heureuses gens, vivant de leurs rentes sans trop se fouler ! Et puis, une fois ton diplôme de licencié ou de docteur accroché au passage, tu iras jeter de belles phrases, bien farcies de textes du Code, au nez de MM. les jurés. Eh bien ! malgré tout ce que cela peut avoir de séduisant, j'aime encore mieux être au milieu de mes mathématiques qu'au coin de mon feu, méditant paisiblement sur un code. J'ai beau être d'une famille de magistrats, le droit n'a pas d'attrait pour moi. »

Paul travaillait avec ardeur, il travaillait surtout avec piété. « Il avait découvert, écrit le prêtre que le pieux jeune homme faisait l'écho de tout ce qui se passait en lui, le moyen de surnaturaliser son travail. Il voyait Dieu dans les sciences, dans les sciences naturelles surtout. Il allait, à travers ces formes physiques de la beauté, chercher plus loin la beauté immuable de Dieu. Cette vue le portait à la reconnaissance et à l'amour. »

Dieu bénissait les efforts et la piété de M. Dubourg : « J'ai vu hier, mandait-il, mon professeur, qui m'a dit que j'avais beaucoup de chances d'arriver dès l'année prochaine à l'École polytechnique. » Malheureusement sa santé était toujours le grand problème. Ses fatigues de tête devenaient plus fréquentes et rendaient son travail très-difficile. A ces souffrances physiques s'ajoutaient des peines morales. Pourrait-il subir ses examens avant la dernière limite d'âge fixée par la loi? Sa santé ne serait-elle pas un obstacle insurmontable à ce projet? Et, si cette santé était compromise tôt ou tard, que diraient ses parents, quand ils apprendraient que, dès cette époque, il pensait à l'état ecclésiastique, eux qui, à raison même des inquiétudes que cette santé leur inspirait, n'avaient consenti qu'à regret à la continuation de ses études, et seulement dans la persuasion où ils étaient que leur fils avait une véritable vocation pour les carrières civiles ou militaires? C'était comme autant de points d'interrogation qu'il se posait au sujet de son avenir, et qui, par leur fréquence, jetaient un voile de tristesse sur ses journées.

Dieu se souvenait des désirs de Paul et l'associait déjà à sa croix, condensant ainsi sa vie par la douleur. Peut-être eût-il pu porter plus allègrement ce poids du jour. Toutefois qu'on n'oublie point que c'est le propre de l'âme parfaite et qui a déjà gravi les cimes de l'amour d'être complètement livrée aux vouloirs divins, et qu'alors même qu'on est disposé à parcourir après elle les divers degrés de cette ascension mystérieuse, encore est-il qu'on ne supprime pas la nature par un seul acte de volonté et qu'on ne s'établit pas d'un seul bond sur ces hauteurs ; il y faut la lutte longue et opiniâtre. Le jeune étudiant comprenait fort bien le danger de cet état d'esprit ; aussi s'empressa-t-il de faire part de la situation à celui qui, le connaissant mieux, pouvait aussi l'aider plus utilement dans une épreuve aussi délicate. Une lettre prompte et pleine d'affection vint rasséréner son âme et lui rendre cette joie si utile à la piété ; mais ce qui mit le comble au bonheur du jeune homme, ce fut de recevoir alors l'assurance qu'il serait prêtre un jour, et que, dès ce moment, il pouvait regarder la question de sa vocation comme décidée en principe.

La vertu de Paul se présentant sous les dehors d'une vie commune et ordinaire, et d'ailleurs voilée par une grande modestie, pouvait échapper à ceux qui s'arrêtent aux surfaces et ne vont guère au-delà : elle n'échappa point au P. du Lac, recteur de l'école, que de fréquentes relations avec les jeunes gens, jointes à une habileté rare dans le discernement des caractères, rendaient si propre à la connaissance et au maniement des âmes. « Lorsque je pense, écrit-il de la terre d'exil, à notre vieille rue des Postes, ce qui, vous le croirez facilement, m'arrive souvent, parmi les figures de ces braves jeunes gens qui me reviennent de suite à l'esprit, celle de Paul est une des premières que je vois paraître. Ce qui dominait dans son aspect et ce que révélait sa manière d'être, c'était une angélique pureté : tout le monde en était frappé, et ses camarades avaient pour lui un respect au-dessus de son âge. »

L'estime dont Paul jouissait auprès de ses maîtres devait lui assurer la faveur d'être associé à cette garde d'honnenr de Marie, recrutée parmi les élèves les plus édifiants. On sait ce que sont ces pieuses associations dans les collèges catholiques ; à la rue des Postes, elles offraient quelques particularités. « Les promenades, nous tenons tous ces détails du P. du Lac, étant généralement consacrées à l'équitation, les congréganistes sacrifiaient leurs récréations de midi pour aller visiter les familles pauvres du voisinage. Ils en visitaient près de cinquante : c'était le quartier Mouffetard. A force d'aller, durant vingt-six ans, porter des vêtements, de la nourriture, aux pauvres gens qui l'habitent, consoler les malades, instruire les enfants, l'indifférence ou la haine s'est changée en sympathie, et nous avons remarqué que ce n'est pas le bataillon du quartier Mouffetard, mais celui des Gobelins, si je ne me trompe, qui est venu saisir à l'école les Pères qui s'y trouvaient durant la Commune. »

La charité de Paul, que nous avons vue si

active et si industrieuse à l'égard des pauvres
de La Maladrerie, ne dut pas l'être moins pour
les grandes misères de la Capitale, et c'est sans
doute pour le récompenser du zèle qu'il mettait
à s'acquitter de ce pieux devoir, qu'il fut
nommé quelque temps après secrétaire de la
Congrégation, distinction dont il n'avait jamais
parlé à personne, et qu'on a connue par hasard
après sa mort, en prenant connaissance de ses
écrits intimes.

La distinction dont M. Dubourg était honoré
lui faisait une obligation d'une plus grande
exactitude dans tous ses devoirs. C'est bien
ainsi que Paul l'entendait, et le témoignage
que lui a rendu le guide de son âme nous
montre quel parfum de vertu il répandait
autour de lui : « Je n'ai pas besoin de vous
dire quel vivant et cher souvenir m'a laissé
celui que le bon Dieu vient de rappeler si
tôt à lui. C'était une de ces âmes qu'on ne
peut oublier, lorsque les circonstances, ou
pour mieux dire la Providence, met en rapport avec elles, et qui laissent une trace
ineffaçable dans le cœur. Je termine en
affirmant qu'il n'a laissé parmi ses condis-

ciples qu'un souvenir aimable et vraiment édifiant. »

La piété de Paul non-seulement se faisait jour sur ce nouveau théâtre, mais se faisait accepter de tous, ce qui est bien autrement difficile ; elle s'imposait parce qu'elle était simple, douce et bonne ; le secret de cette autorité morale était tout entier dans sa charité. Dans une maison où l'on se préparait à des carrières diverses, on s'explique aisément que des goûts différents se traduisissent extérieurement. Les élèves qui poursuivaient un même but devaient éprouver le besoin de se trouver plus souvent ensemble : on avait un thème tout prêt pour la conversation, on pouvait s'entretenir de ce qu'on aimait, de ces rêves longtemps entrevus et en partie réalisés. Le pieux jeune homme, qui se destinait à l'École polytechnique, fréquentait aussi volontiers ceux qui se préparaient à St-Cyr que ceux qui poursuivaient la même carrière que lui. Il voulait être l'homme de tous, et, grâce à sa bonté et à sa prudence, il y réussit pleinement. Pour cela, il évitait avec le plus grand soin tout ce qui pouvait altérer la charité et diminuer les charmes de la vie commune. L'école de la rue des Postes recrutait ses élèves parmi les meilleures familles de France, où se conservent pures et intactes des traditions de foi religieuse et politique. Paul respectait ces convictions, mais ne voulait pas qu'on les fît prévaloir par une sorte de parti pris qui exclut tout d'abord toute discussion. Il pensait que cette sorte d'exclusivisme *a priori*, cherchant à s'imposer par de simples affirmations, était de nature à affaiblir les liens de la charité. « Sur ces sortes de matières, disait-il, les esprits s'échauffent vite, et cela malheureusement aux dépens de l'union et de la bonne harmonie qui doivent régner entre les élèves. » Sans blâmer absolument ces polémiques, il préférait qu'on s'entretînt de l'amour de la patrie et des moyens de la servir, thème bien suffisant pour alimenter des conversations, pensait-il, et sur lequel tous pouvaient et devaient être d'accord. C'est grâce à cette ligne de conduite, qu'il avait adoptée pour lui-même, qu'il dut en partie l'heureuse influence qu'il exerça sur ses condisciples.

La vie du collège ne lui faisait pas perdre

de vue sa famille. Sa pensée se portait fréquemment vers elle. En travaillant pour Dieu
et pour la France, il était heureux de se
rappeler qu'il trouvait en même temps dans
cette application à l'étude le meilleur moyen
de témoigner son affection à ses parents.
C'était dans ce seul but qu'il les tenait au
courant de ses succès, et nullement pour satisfaire à de vaines pensées d'amour propre.

Au besoin, il savait donner et faire accepter
un conseil. Voici comment il parle à son
cousin Robert Le Guay, à peine âgé de neuf
ans, et entré en pension au petit Sainte-Marie
à Caen ; il n'a garde d'oublier qu'il s'adresse à
un enfant.

« Rue des Postes, 13 février 1878.

« Mon petit Robert,

« Il y a bien longtemps que j'ai envie de
t'écrire pour te féliciter de bien travailler.
Car j'ai appris, par ta petite maman et maman
Auguste, que tu avais fermé la porte au nez
de madame la paresse. C'est une bien vilaine
dame, n'est-ce pas ? On est bien plus con-

6

tent quand on travaille bien ; on fait plaisir
à maman, et puis on n'a pas la honte de ne
rien savoir, d'être un petit ignorant. Enfin,
quand on a bien dit adieu à la paresse,
le bon Dieu, pour vous récompenser, fait
trouver le travail agréable. Tu verras plus
tard, qu'il est tout aussi amusant de lire des
livres intéressants, même de calculer, que
de jouer à la balle, de monter à cheval. »

Durant les derniers mois de l'école Sainte-
Geneviève, nous retrouvons, au sujet de sa
vocation, l'apparente contradiction signalée
plus haut. Plusieurs de ses lettres en font foi.
Même après la décision de son directeur, sa
correspondance, loin de laisser soupçonner
ses secrètes aspirations, nous montre un jeune
homme tout épris des rêves militaires. « Voilà
notre ami casé, écrivait-il ; il n'a plus qu'à
promener son sabre, en attendant l'occasion
de s'en servir plus utilement. Tous les di-
manches nous sommes inondés par les élèves
de l'école polytechnique et ceux de St-Cyr :
je les regarde toujours d'un œil d'envie ;
mais j'espère que mon tour arrivera bientôt. » Nous n'avons qu'à répéter, à l'occasion

de ces lignes, les remarques déjà faites : ou que Paul voulait donner le change sur ses véritables intentions, à raison du secret dont il tenait encore à les envelopper auprès de sa famille, ou qu'il voulait réellement porter l'épée avant de revêtir la soutane.

Au milieu de ses projets d'avenir, une pensée l'obsédait sans cesse : il craignait d'être ambitieux. Ces désirs d'être utile à l'Église et à la patrie qu'il sentait grandir de jour en jour, pouvaient bien n'être que de la vanité se présentant à son esprit sous le couvert d'un patriotisme factice. Cette idée le fatiguait, et il ne fallut rien moins que la parole du prêtre qui avait une pleine autorité sur lui pour calmer ses inquiétudes. « Votre ambition est bonne et louable, lui écrivait-on de Caen ; il n'y a qu'à surnaturaliser. »

Voici, au reste, comment il entend l'ambition. Le 16 juin, fête du P. Recteur, un grand dîner fut offert aux anciens élèves de l'école. A côté d'eux vinrent s'asseoir ceux de leurs jeunes frères d'armes qui occupaient les premières places dans les différents cours. Paul était des privilégiés. A la fin du dîner, le P. du

Lac adressa à l'assistance une brillante impro-
visation. Le cœur de M. Dubourg déborde en
parlant de cette parole ferme, patriotique, brû-
lante. « Après le compliment d'usage, mande-
t-il à son père, le P. du Lac a répondu avec
l'éloquence qui lui est habituelle. Ce qu'il dit
n'est pas gai le plus souvent, il ne nous
cache pas la vérité : c'est qu'il attend beaucoup de nous. Mais il parle avec tant de
cœur. Il vous remue jusqu'au fond de l'âme,
vous saisit, vous empoigne. Il me semble
que, dès qu'on aime tant soit peu l'Église et
la France, dès que l'on pense à autre chose
qu'à s'amuser, on ne peut résister à une
pareille influence et ne pas se sentir en-
traîné. Aussi comme nous applaudissions !
Il faut avoir bien de l'audace pour prétendre
que la religion rétrécit le cœur et empêche
le patriotisme ; moi je suis convaincu que
plus on aime Dieu, plus on aime son pays. »

Paul n'en demeure pas à une admiration
platonique. Cette parole éloquente subjugue
son intelligence ; mais ces accents du cœur, ces
sons de l'âme, comme diraient les anciens,
entraînent sa volonté. « Comment ne pas se

sentir attiré, écrit-il en même temps à son frère René, par les grandes et nobles âmes ! Je ne comprends pas ces hommes qui ne songent qu'à s'amuser, ou bien encore qui resteraient toute leur vie plongés au milieu des mathématiques, voire même des cornues. Il me semble que nous sommes faits pour aimer. L'homme n'a pas seulement une intelligence ou des sens, il a avant tout et par dessus tout une volonté et un cœur. » Nous voilà renseignés sur l'ambition du jeune étudiant : qui ne voudra la partager avec lui ?

Paul fait là, sans s'en douter, l'éloge de ses maîtres, en assignant le double caractère que doit revêtir tout enseignement : donner des impulsions à l'âme en éclairant l'esprit. C'est le programme de ces grands éducateurs de la jeunesse. Certes, ils peuvent, avec quelque fierté, soutenir le parallèle avec d'autres centres intellectuels sur le terrain scientifique ; mais, où leur supériorité demeure le plus incontestable, c'est quand il s'agit de former des hommes qui sachent vouloir, et au besoin mourir quand il le faut. Il est facile de déclamer, mais on ne supprime pas l'histoire.

Assurément, il est loin de notre pensée de laisser entendre que ces religieux aient le monopole du dévouement : le patriotisme n'est le lot exclusif de personne, et volontiers on le salue partout où on le rencontre; mais, quand on vient nous dire que ces hommes n'aiment pas leur pays, que leurs préceptes de morale sont relâchés et que l'éducation qu'ils donnent est mauvaise, il faut que l'on soit ou bien aveuglé par les passions ou bien ignorant de ce qui se passe. Pour nous, il ne nous déplaît pas de leur témoigner notre vive gratitude, et d'exprimer le désir de les voir bientôt dépenser leurs forces, non sur une terre étrangère, mais dans un pays qui a besoin de tous les dévouements.

PAUL DUBOURG

III

PREMIER SÉJOUR A CANNES

PAUL DUBOURG

PREMIER SÉJOUR A CANNES

Après avoir subi avec succès les épreuves du baccalauréat ès sciences, Paul rentra en Normandie, pour y prendre un repos devenu nécessaire. Il revenait au milieu des siens, leur apportant, avec une vertu plus solide et des succès croissants, une affection doublée par l'absence. Caen, Falaise, Orbois se partagèrent ces jours de délassement, et partout il fit le bonheur et la joie des divers membres de sa famille.

Les vacances offrent un grand danger aux étudiants. Libre de toute entrave, le jeune homme donne trop souvent son temps aux distractions et aux amusements : il n'a pas le courage de réserver pour l'intelligence et pour la pensée ces heures précieuses qui, en conservant le calme de l'âme au milieu des bruits extérieurs, la grandissent, l'élèvent, en même temps qu'elles servent de préface à une vie utile et féconde. M. Dubourg se repose sans se livrer à l'oisiveté. Les soins que réclame une santé de plus en plus délicate le tiennent éloigné des ouvrages exclusivement scientifiques qui exigeraient une trop grande application de l'esprit ; mais il ne se croit pas obligé à la même réserve vis-à-vis de toute espèce de livres. Il commence dès lors à lier connaissance avec nos apologistes contemporains, Lacordaire, Montalembert, Ozanam, etc. Il donne tous les jours de longues heures à ce délicieux commerce, ne se bornant pas, comme tant d'autres, à couper les feuillets et à parcourir la table des matières, travail imaginé tout exprès pour les paresseux, mais discutant, analysant, prenant des notes sur

tout ce qu'il lit. On reconnaît partout le jeune
homme qui veut apprendre et savoir. Désor-
mais voilà les écrivains qui auront le privilége
de l'attirer de préférence, quand il voudra
utiliser ses loisirs ou détendre son esprit,
jusqu'à ce que les biographies des saints
viennent à leur tour prendre dans ses journées
une place de choix.

La Providence ne tarda pas à lui imposer
un repos absolu. Une indisposition l'obligea
d'abord à se séparer complètement de ses chers
livres. Cette indisposition se prolongea et
précipita une décision à laquelle on avait déjà
songé. Il s'agissait pour Paul de suspendre
durant une année sa préparation à l'école
polytechnique, et d'aller demander au ciel du
Midi le rétablissement d'une santé qui allait
s'affaiblissant tous les jours. « Il faut dire
adieu, écrivait-il, aux T. R. PP. Jésuites pour
cette année ; je vais quitter les mathématiques
pour Cannes. »

Avant de s'éloigner de nouveau, il crut
devoir faire part à sa famille de ses projets
d'avenir. S'il avait attendu jusque-là, c'est
qu'il voulait acquérir la certitude morale qu'il

était destiné à l'autel. Aujourd'hui la lumière est faite : depuis plus d'un an, il a réfléchi, il a prié ; son attrait s'est fortifié et affermi, et la parole sacerdotale est venue lui donner sa dernière consécration. Le moment est donc venu de parler : différer davantage, c'est laisser subsister le doute au sujet de la date de son entrée au séminaire, ce qui a le double inconvénient de créer une situation pénible pour l'âme et de paralyser le rétablissement des forces physiques.

Ces ouvertures, il faut l'avouer, coûtaient au pieux jeune homme. Il n'ignorait pas que sa famille rêvait pour lui un autre avenir ; qu'en tout cas, elle était loin de soupçonner ses desseins et qu'elle serait tout au moins surprise, sinon contrariée. Enfin, son parti est pris ; dominant sa timidité, imposant momentanément silence à son amour filial, qui lui faisait redouter jusqu'à l'ombre d'une peine causée à ses parents, il fait, au cours d'une conversation qu'il a avec son père dans le jardin, la pénible communication.

Le père sut dominer les sentiments de la nature et s'incliner devant les droits imprescriptibles de Dieu. Un passage d'une lettre qu'il écrivait quelques jours après à son fils, parti pour Cannes, nous montre ses sentiments. « Je n'ai pas l'intention de combattre ce qui serait une vraie vocation. Je t'affirme que j'ai la ferme volonté de te laisser pleine et entière liberté ; mais j'estime que, dans l'intérêt de ton bonheur présent et de ton bonheur éternel surtout, il faut une épreuve complète..... J'espère que Dieu nous inspirera toi et nous. »

Voici la réponse du fils. Il commence par s'excuser du reproche que son père lui avait fait de ne s'être pas plus tôt ouvert sur ses desseins : « La crainte de vous faire de la peine, et une certaine timidité naturelle tenant à mon caractère, et qui fait que je me renferme en moi-même et que je n'ose pas découvrir mes idées, m'ont fait hésiter pendant bien longtemps. D'ailleurs, je croyais que cela ne devait rien changer à ce que nous avions décidé, vous et moi, pour mes études. Car primitivement j'avais la détermination non-seulement de me faire recevoir à l'École polytechnique, mais d'y faire mes deux ans, et l'idée m'en est encore restée ces derniers temps. » Et, comme son père lui avait parlé de l'étude du droit qu'il pourrait faire, ce qui lui permettrait d'examiner plus à fond la question de sa vocation et en même temps lui serait plus utile que les mathématiques s'il entrait au séminaire, l'enfant ajoutait avec beaucoup d'à-propos : « Je crois préférable de continuer Polytechnique ; car, si actuellement je me trompe, si ma vocation n'est pas d'être prêtre, où me mènera mon droit ? A la magistrature, aux finances, voire même au Conseil d'État ? Mais pour tout cela je n'ai, vous le savez, que de l'aversion. Mes idées là-dessus n'ont pas changé. Je ne serais pas du tout dans ma voie ; serais-je heureux ? Tandis que, si je continue Polytechnique, et si je reconnais que ce que je crois être une vocation n'en est pas une, je suis toujours dans la carrière qui me sourirait le plus, et vers laquelle m'ont toujours porté mes goûts.....

« Comme vous me l'avez demandé, je cherche à voir de quel côté est vraiment ma voie, repoussant toute idée préconçue. »

Dans les premiers jours d'octobre 1878,

Paul, accompagné de Mme Le Guay, sa tante, partait pour Cannes. Nous retrouverons « la chère tante » auprès du pieux séminariste dans le second séjour à Cannes, et la verrons assister, à côté de M. et de Mme Dubourg, à la suprême séparation.

Nos voyageurs ne sont pas pressés ; ils prennent leur route par Avignon, Arles, Marseille, visitant ces villes et leurs environs en pèlerins et en touristes. « Nous vîmes beaucoup de choses en peu de temps, nous dit sa tante; Paul était fixé d'avance sur les monuments à visiter, aucun instant n'était perdu en courses inutiles. » A Marseille, on laisse la grande ville, avec ses bruits et ses agitations, pour se rendre à N.-D. de la Garde. Ce jour-là, le mistral soufflait avec une violence peu ordinaire, mais ne fallait-il pas aller remercier la Bonne Mère du Ciel de la protection accordée aux deux voyageurs et lui consacrer ces mois de repos? Un cierge brûla devant la statue privilégiée et dit à Marie l'amour et la reconnaissance de ses enfants.

Le premier soin de Paul, en arrivant à Cannes, fut d'organiser sa journée. C'était un

besoin pour lui. Il avait horreur du vague et
de l'indéterminé, surtout dans la distribution
de son temps. Qui ne voit, au reste, que
l'ordre et la régularité sont choses capitales,
quand il s'agit d'utiliser une vie ?

Les soins à donner au corps réclament
d'abord une place dans ses journées ; c'est le
désir bien légitime de la famille, il ne peut
le méconnaître. Les grands remèdes auxquels
il a recours sont les promenades en barque
sur la Méditerranée, les courses au grand air,
les excursions pittoresques, quelquefois avec
un ami, le plus souvent seul, mais alors se
munissant d'un livre qui devient son compagnon de voyage. C'est ainsi que nous le
voyons parcourant les environs de Cannes,
admirant ce beau ciel, demandant à la mon-
tagne ses secrets, ou devisant avec un ami.

« Il aimait Cannes, nous dit celui qui
l'accompagnait quelquefois dans ses pérégri-
nations. Habitué au ciel gris de la Normandie,
ce bel azur le ravissait. Chaque jour, étendant
de plus en plus le cercle de ses promenades,
il partait pour explorer le golfe, les îles, les
montagnes. Souvent solitaire, parfois accom-

pagné d'un ami, il admirait sans relâche cette riante nature ; ces horizons si variés et si purs lui arrachaient des cris d'enthousiasme. Il étudiait les plantes, les insectes, les pierres : rien n'échappait à son œil observateur et curieux. Parfois, assis au sommet d'un pic péniblement conquis, il laissait errer ses regards et ses pensées, et ceux qui ont pu alors recevoir ses confidences, n'oublieront jamais quel était le charme de sa conversation, l'élévation de son esprit, la beauté de ses rêves. »

Les délassements que Paul croyait devoir prendre revêtaient, comme on le voit, un caractère particulier : il se délassait en s'instruisant.

Après les distractions de la promenade venait l'étude ; il ne voulait laisser aucune place pour les rêveries qui perdent tant de jeunes gens. « Il ne faut pas se laisser aller aux rêveries, écrivait-il à un de ses condisciples qui se demandait ce qu'il ferait d'un temps qu'il ne voulait pas donner au théâtre ou au bal ; puisque tu ne veux pas aller au bal, ce que je comprends, il faut bûcher le droit ; si le droit te fatigue, fais un peu d'histoire, de

littérature, voire même un peu de littérature
contemporaine. »

Il pratiquait lui-même ce qu'il conseillait
aux autres. Il avait emporté avec lui bon
nombre de livres : littérature, histoire, sciences,
philosophie ; c'est au milieu de cette charmante
bibliothèque qu'il passait une partie notable
de ses journées. Il s'adressa d'abord aux ouvrages d'histoire et de littérature ; sa tête
fatiguée l'obligeait à un exclusivisme qui, en
d'autres temps, n'eût pas été de son goût.
Dans ces commencements, Paul aurait peut-
être lu sans assez de discernement, si une voix
amie n'était venue faire entendre le langage
de la prudence et de la sagesse. Il écrivait à
son condisciple du séminaire d'Issy : « Je
veux voir le pour et le contre. » Il s'égayait
ensuite sur un ton plaisant et semblait prendre
à partie les cléricaux et les jésuites. Le séminariste, n'entendant pas sans doute la plai-
santerie, crut qu'un travail considérable s'était
fait dans l'esprit de son ami. « Si tu prends
la liberté en m'écrivant, lui répond-il, de
crier contre les cléricaux, il m'est bien permis
de les défendre..... Il me semble que tu

deviens méchant, et que tu n'es plus le Paul de Sainte-Marie.... Pour tes lectures, tu devrais demander conseil à un prêtre, en la science et en l'affection duquel tu te confierais. » Cette observation était juste. Paul, assurément, était mû par d'excellentes intentions. Il tenait à voir ce que pensaient les adversaires de l'Église, non pas tant pour les réfuter que pour saisir le côté par où ils sont accessibles, et pouvoir ramener plus tard ces âmes dévoyées ; mais qui ne voit que le but devient ici le danger ? Il est difficile que chez ces hommes la raison ait fait un naufrage complet. L'auteur, par ces parcelles de vérité répandues çà et là, et grâce à la sympathie qu'il sait inspirer par une sorte de bonhomie et de loyauté de commande, peut faire accepter des erreurs contre lesquelles une connaissance sérieuse et complète des matières n'a pas suffisamment armé.

Fort heureusement, les inquiétudes de l'élève d'Issy étaient mal fondées. « Tu me vois, lui répondait Paul, sur la pente du plus effroyable abîme : je vais devenir radical, anticatholique, etc..... Décidément tu es pessimiste, j'aime à te rassurer. D'abord, je lis peu de romans : je reconnais que ceux qui sont bons sont des exceptions; que la plupart ne sont que la personnification de l'égoïsme, de l'avarice ou de je ne sais quelles passions plates, basses, vulgaires. Mais enfin, si l'art et la littérature modernes sont bien bas, il ne faut pas cependant leur jeter un complet anathème..... Pour Lamothe, je le défendrai envers et contre tous ; car c'est en grande partie à lui que je dois de connaître et d'aimer ces malheureux pays qui s'appellent la Pologne et l'Irlande. Il y a probablement des exagérations, mais il m'a ouvert les yeux sur les grands crimes de l'histoire. » Puis abordant d'autres reproches : « J'ai la prétention, continue-t-il, d'être aussi romain, voire même aussi partisan du Syllabus qu'un autre, mais je ne veux pas être plus catholique que N. S. P. le Pape. J'entends ne pas me ranger au nombre des exagérés...... Crois-tu sérieusement que je t'aime moins parce que tu portes la soutane, parce que tu veux te faire prêtre ? Je t'assure que c'est encore la carrière, si ce mot peut être employé, que je trouve la plus belle et la plus noble. Et, quand on a la vocation, j'estime qu'on doit et qu'il est beau de la suivre. »

Les soins du corps et la culture de l'intelligence ne lui faisaient pas oublier son âme. Il
fallait ici des précautions particulières. Les
ménagements auxquels le corps avait droit,
cette liberté relative qui lui était laissée, ce
monde de Cannes, cette nature de dix-huit
ans, cet ensemble de jouissances qu'amenaient
pour lui toutes ses journées, lui faisaient une
sorte de paradis terrestre qui, dans l'ordre
providentiel, était, si l'on veut, la meilleure
des épreuves pour sa vocation, mais pouvait
aussi constituer un véritable danger et se
tourner en obstacle, sans une grande vigilance.
Le meilleur préservatif était la sainte communion. Le pieux jeune homme n'eut garde
de le négliger. Avec l'approbation de son
directeur, il s'approchait tous les quinze jours
de la sainte table, et nous aimons à penser
que ce fut surtout à cette sorte d'intimité entre
son âme et celle de Jésus qu'il dut de rester pur
et de voir grandir sa vertu au milieu d'une
société si peu faite pour la favoriser.

Cette société, au reste, il ne la fréquentait
guère, et quoiqu'il avoue quelque part « qu'il
n'est plus aussi misanthrope qu'autrefois,

rêvant de s'enfouir au milieu des livres et des machines, et jetant l'anathème à toutes les distractions, mais qu'il s'est rapproché du monde », nous savons qu'il s'en tenait fort éloigné. En dehors de sa tante, qui était sa société habituelle, il ne voyait guère que Mme Lauffray et sa mère, amies de la famille. Voilà ce que Paul appelle se rapprocher du monde. Personne ne saurait lui en faire un reproche. S'interdire même toute visite eût pu paraître excessif; et ce n'est pas en vivant « en misanthrope », pour employer son expression, qu'on peut exercer une heureuse influence sur les âmes, mais bien plutôt en rendant la vertu bonne et aimable.

Néanmoins, comme le moment n'est pas encore venu de vivre pour les autres et qu'il n'a à s'occuper que de sa propre sanctification, il s'isole le plus possible de toutes les fêtes et distractions bruyantes. Il avait d'ailleurs un bien puissant motif pour vivre ainsi à l'écart: c'était la pensée d'une vocation à préserver. Le pieux jeune homme avait avoué à sa tante que, depuis le jour où la certitude avait été faite en lui à ce sujet, son âme avait été toute

à la joie : il fallait conserver ce trésor. Le
monde, même simplement entrevu, faisait bruit
et tapage autour de son esprit et apportait à
son âme des impressions pénibles : nous en
trouvons l'aveu dans ses lettres à son directeur. De là cette réserve, ce besoin de solitude
que nous pourrions trouver exagérés, si ces
précautions n'étaient suffisamment justifiées
dans la pensée de Paul par le vif désir qu'il
éprouve de mettre cette vocation à l'abri de
tout danger. Grâce à ces règles de prudence,
elle resta fixe et inébranlable dans son esprit,
et le démon tenta en vain de pénétrer dans ce
sanctuaire ouvert seulement du côté du ciel.

Le jeune homme dut passer bien inaperçu
auprès des habitués de ce charmant séjour,
trop occupés sans doute de leurs joies et de leurs
plaisirs pour donner quelque attention à une
vertu qui ne cherchait qu'à se cacher. Il y avait
cependant des âmes dignes de comprendre
l'âme de Paul : c'étaient les rares privilégiées
qu'il visitait quelquefois. Les heures qu'il leur
accordait étaient trop courtes au gré de ces
respectables dames, qui étaient toujours singulièrement touchées des prévenances et de la

douceur de leur visiteur. Nous retrouvons là les caractères de sa piété : elle est avant tout sympathique ; elle n'est pas à charge, elle n'éloigne pas, mais attire, charme, captive.

Chez lui cependant jamais de compromis, jamais de respect humain. « Il n'était pas jusqu'à son signe de croix qui n'édifiât, nous dit Mme Le Guay. »

Un jour s'élève une discussion entre elle et Paul au sujet de l'abstinence prescrite pour gagner le jubilé accordé par Léon XIII. La tante, avec ses sollicitudes de mère, s'alarme pour la santé de son cher neveu. Dans le diocèse de Fréjus, il faut tout préparer à l'huile : ne sera-t-il pas incommodé par un régime auquel il n'est pas fait ? Elle songe donc à demander une dispense. — « Oh ! ma tante, dit le pieux jeune homme, observons les règles des lieux où nous nous trouvons, nous n'en mourrons pas. »

La piété de Paul avait particulièrement attiré l'attention d'un prêtre, qui avait eu le bonheur de ramener à la pratique de la religion une dame de la ville qui, depuis de longues années, vivait loin de Dieu. Pour

donner une idée de son indifférence religieuse,
il suffira de faire remarquer qu'elle n'avait
jamais songé à faire administrer le baptême à
son fils, alors âgé de onze ans. Mais sa con-
version fut sincère, et le prêtre, instrument
de la Providence en cette circonstance, n'eut
pas de peine à obtenir d'elle, à son lit de
mort, que son enfant serait baptisé et élevé
dans le sein de l'Église catholique. Il convenait de donner à cette cérémonie toute la
solennité possible. Elle fut fixée au 1er mars
1879, et Paul fut choisi pour être le parrain
du nouveau converti, dont une respectable et
pieuse dame de Paris fut la marraine.

Laissons la parole à celui dont nous tenons
tous ces détails : « Dès la première entrevue,
M. Dubourg parut éprouver le sentiment
d'une vraie paternité vis-à-vis de son futur
fils spirituel. Il le lui prouvait par l'affection
qu'il lui témoignait toutes les fois que l'occasion lui en était donnée. Mais ce fut surtout
au jour de la cérémonie si intéressante de ce
baptême d'adulte que le pieux parrain mani-
festa tout ce que son cœur renfermait d'esprit,
de foi et de charité chrétienne. On se souvient

encore de cette attitude modeste et ferme, pénétrée et recueillie, qui édifia tous les assistants. Quelle religieuse sollicitude pour que le jeune catéchumène, s'identifiant en quelque sorte avec lui, fît son abjuration dans les sentiments qui l'animaient lui-même! Quelle effusion de paternelle tendresse dans ce premier baiser déposé sur le front de ce filleul que l'eau sainte du baptême venait de régénérer! »

Paul ne le perdit pas de vue après la touchante cérémonie du 1er mars. « Avant son départ pour Nice, où il fut placé chez les PP. Augustins peu de temps après son abjuration, continue le même correspondant, le jeune néophyte revit plusieurs fois son parrain, qui lui témoigna constamment une sincère affection, soit par de sages conseils, soit par des souvenirs pieux, dont le filleul reconnaissant a tenu à ne pas se déposséder. M. Paul ne borna pas là les devoirs contractés par sa parenté spirituelle. Il porta la sollicitude jusqu'à aller visiter à Nice son jeune filleul, s'assurant par lui-même de sa conduite, l'encourageant et le laissant toujours fortifié par ses sages recommandations. Rentré ensuite en Normandie, il continua à faire par correspondance ce qu'il ne pouvait plus faire par des visites. Et aujourd'hui, j'en ai la douce confiance, du haut du ciel il protège d'une manière bien plus efficace l'enfant qu'il avait contribué à mettre dans la bonne voie et qu'il avait tant à cœur d'y maintenir. »

On ne s'étonnera pas qu'un cœur comme celui de Paul s'intéressât aux affaires de son pays et les suivît avec une tendre sollicitude. « Étranger, nous dit un de ses amis, qui le voyait de temps en temps durant ce premier séjour, à toutes les passions juvéniles, la science et la patrie remplissaient tous ses intimes entretiens ; les querelles de la politique ne lui inspiraient que dégoût, mais la France, ses gloires, ses malheurs, ses espérances, faisaient souvent battre son cœur. Dans son esprit comme dans ses projets, l'amour de Dieu et celui de la patrie étaient toujours étroitement unis. » Qu'on lise plutôt : « Travaillons pour l'avenir, écrivait-il, car les honnêtes gens sont si peu nombreux, que c'est lâcheté que chercher des prétextes pour ne pas leur venir en aide. » Et, quelques mois plus tard, il indiquait, avec une sagesse et une profondeur de vues qui étonnent, le mal dont nous souffrons en même temps que le remède à y apporter : « Mon désir est de travailler un peu à relever notre pauvre France en la rendant plus chrétienne. C'est là le seul moyen de la rendre forte et grande. Ce n'est pas par des guerres heureuses, par des réformes politiques, par telle ou telle forme de gouvernement, que l'on peut atteindre ce but. Non, c'est en domptant le mal, l'égoïsme sous toutes ses formes, l'ambition du pouvoir, l'amour de l'argent dans les classes plus élevées, le désir de jouir, la haine de la noblesse dans les basses classes, que l'on arrivera à transformer la France. C'est à cela surtout que nous devons tous travailler. C'est beau au soldat de donner sa vie un jour de bataille, mais il est plus beau encore de donner chaque jour son travail. Et malheureusement les honnêtes gens, les chrétiens, l'oublient trop souvent; si chacun donnait à l'œuvre commune un peu de travail, selon ses forces, de quoi l'ensemble ne serait-il pas capable ? »

Ne croirait-on pas lire une page d'un philosophe chrétien ? Le pieux jeune homme ne se fait pas illusion sur ces demi-mesures d'une sagesse et d'une diplomatie tout humaines : on peut ainsi dissimuler le mal pour un temps, on ne le guérit point. Avec son regard éclairé par la foi, il va au fond : l'égoïsme, l'absence d'esprit chrétien dans le peuple, voilà le mal : c'est donc une plaie profonde et tenant aux entrailles mêmes de la société, et un souverain, de quelque nom qu'il s'appelle, ne peut refaire ce peuple que par le Code évangélique. Ces sentiments percent partout, dans ses lettres, dans ses notes ; qu'il nous suffise de citer ce quatrain extrait du recueil dont nous avons parlé :

Pauvre France ! que Dieu te protège et te change !
Ton espoir était fou, que ton deuil soit sensé !
Tu parles déjà haut de l'avenir qui venge :
L'avenir qui répare est-il donc commencé ?

Les tristesses de l'heure présente n'étaient point faites cependant pour surprendre sa foi en l'avenir. Avec sa belle et généreuse nature, il devait être par tempérament ennemi du pessimisme : il l'était aussi par conviction.

Certes, il était loin de jeter un voile sur les misères morales de son pays. La page qu'on vient de lire nous montre qu'il jugeait sainement la situation. Avec tous les hommes sincèrement dévoués à leur patrie, il déplorait cette sorte d'abdication des gens de bien, et ne voyait pas sans quelque inquiétude ce fléchissement naturel des volontés et des caractères. Toutefois il était loin aussi de partager l'étrange doctrine de ceux qui pensent qu'il n'y a rien à faire, et que les bons n'ont qu'à se cacher, parce que les mauvais vont à l'assaut de toutes les nobles et saintes institutions. C'était pour lui la théorie de la lâcheté, dont il ne voulait à aucun prix. Il demandait la lutte, confiant dans l'avenir et croyant avec les saints que le monde appartient à ceux qui l'aiment le plus et le prouvent par leurs actes.

Faisant allusion à la guerre de 1870 : « Tout est incompréhensible, écrit-il. Il faut reconnaître que Dieu nous aveuglait. Hélas ! qui sait si sa colère n'est pas prête à éclater sur nous. Cependant moi j'espère. » Et plus tard, lorsque les Religieux allèrent porter sur des rivages plus hospitaliers leur zèle et leur dévouement, il était encore le disciple de l'espérance. Si nous citons ici cette lettre, quoique écrite après son retour à Caen, c'est afin de grouper tout ce qui touche à cette idée.

« Toutes ces scènes sont tristes, n'est-ce pas, et cependant je me sens le cœur joyeux, car plus je vais, plus j'ai de confiance dans l'avenir de la France. Non, un pays où tant de saints prêtres souffrent pour leur foi, où ils souffrent avec tant de résignation, n'est pas un pays désespéré. On l'a dit bien des fois : Toutes les grandes choses sont marquées au coin de la souffrance. Eh bien! la religion catholique souffre en France; elle sortira de cette épreuve comme de tant d'autres, plus puissante et plus glorieuse. Est-ce que cette lutte ne réunit pas autour des religieux attaqués tous les gens de cœur et d'honneur qui jusque-là ont été divisés par les partis politiques? Est-ce qu'elle n'ouvre pas les yeux à bien des esprits abusés? Est-ce qu'elle n'affermit point la foi dans les cœurs chancelants? ..... J'ai la conviction que la France sortira de cette lutte plus chrétienne et par suite plus grande. »

En lisant cette lettre, le mot de Joseph de

Maistre revient naturellement à la mémoire :
« Voulez-vous connaître un grand caractère ?
Racontez-lui une grande action. A l'instant il
s'enflamme et la porte aux nues. » Ces religieux qui souffrent si virilement pour la foi, ces
cris d'indignation qui s'échappent des lèvres de
tous les honnêtes gens, ces hommes de cœur
qui se serrent autour des exilés et écrivent pour
l'avenir une des plus belles pages de l'histoire
contemporaine, tout cela l'émeut, l'enthousiasme et lui arrache le cri de l'espérance.

Les idées de Paul étaient très peu arrêtées
en politique. « Je reste un peu républicain,
écrit-il ; et pourquoi ne me serait-il pas
permis de l'être avec Lacordaire, Perreyve,
Montalembert ? mais en théorie seulement,
car j'aime trop la France pour l'être en pratique. Hélas ! où va notre pays ? Quelle folie
que toute cette politique tant à l'extérieur
qu'à l'intérieur ! Ils entassent faute sur faute,
crime sur crime. » On voit qu'il tenait à être
en bonne compagnie ; son républicanisme
même s'était si fort refroidi par les événe-
ments qu'il pouvait écrire de Cannes : « Je
crois qu'au fond de l'âme je suis légitimiste. »

Lacordaire, Montalembert, dont les œuvres faisaient le fonds de ses lectures sur les questions religieuses, avaient conduit M. Dubourg au libéralisme. Nous sortirions des bornes de cette courte notice biographique en rappelant, même sommairement, les principes sur une matière si vivement discutée. On comprend que, sur une question si délicate, il y ait eu divergence d'opinions, même parmi les catholiques, et que certaines propositions aient été tant soit peu hasardées. « Je ne parle pas en théologien, s'écrie M. de Montalembert, dans un discours prononcé à Malines, au mois d'août 1863, pour la défense de la fameuse formule « l'Église libre dans l'État libre. » Fort bien, mais à la condition qu'on ne dise rien d'inexact théologiquement, ce qu'on n'a pas complètement évité. Il était naturel que Paul, peu préparé par ses études antérieures à la solution de matières si controversées, fût dominé par cette ardeur chevaleresque, ce zèle de la vérité, cette chaleur communicative, cette parole entraînante, et se crût suffisamment abrité sous l'autorité de tels noms.

Il n'avait pas, au reste, de parti pris dans

8

ses idées. Il cherchait la vérité avec grande loyauté et liberté d'esprit, acceptait la discussion, mais la voulait pleine de charité et de douceur. On eût pu dire de lui ce que Henri IV disait de saint François de Sales : « Son esprit n'est point résolutif, point impétueux, et ne veut point emporter les choses de haute lutte et de volée. » — « On oublie trop, disait le pieux jeune homme, que la religion catholique doit être avant tout une religion de charité. C'est dans les chaires catholiques qu'on devrait prononcer cette grande et noble devise : Liberté, Égalité, Fraternité. » On ne sera donc pas surpris que lui, naturellement si doux et si enclin à l'indulgence, s'échauffât volontiers et se montrât sévère pour ces hommes à la plume acerbe et fiévreuse qui arrêtent souvent l'action de la grâce dans les âmes par une ardente polémique. Il est vrai que les invectives et le ton haut sont des moyens peu propres à faire tomber des préjugés qui ont pris pied dans les esprits ; les bons procédés, les paroles douces et dictées par une sincère affection trouvent plus facilement le chemin des cœurs ;

l'expérience est faite depuis longtemps et, au besoin, l'exemple de Notre-Seigneur suffirait.

La santé de M. Dubourg se fortifiait tous les jours. Au mois de mars sa tête était à peu près reposée. « Ma tête est à peu près convertie ; elle a fini par comprendre qu'il n'était pas raisonnable d'être malade. » Il devait principalement cette amélioration à ses fréquentes promenades auxquelles, soit dit en passant, les aventures ne manquaient pas. « J'ai toujours les mêmes goûts de chèvre, mande-t-il à un de ses amis. Ma tante a peur qu'à quelque beau jour je ne laisse ma personne au fond d'un ravin. » Quelquefois il sortait du rayon ordinaire de ses excursions : c'est ainsi qu'il visita la petite ville d'Hyères et le port de Toulon ; mais ses sympathies restaient par-dessus tout acquises à un petit bateau à vapeur, *Le Rolland,* qui le berçait fréquemment sur les flots azurés de la Méditerranée.

M. et Mme Dubourg vinrent ajouter durant quelque temps au charme de ces jours de repos. Les excursions et promenades allèrent bon train. Le père profita des loisirs que lui laissaient ses occupations professionnelles pour visiter avec son fils les environs de Cannes, dont les charmes rappellent cette île enchantée d'Ischia, qu'un récent malheur vient de plonger dans la plus affreuse misère. Ces journées passèrent vite, mais les parents rentraient contents : ils venaient de s'assurer par eux-mêmes que la santé de leur cher Paul n'inspirait plus d'inquiétude sérieuse et allait s'affermissant tous les jours.

Les maux de tête assez fréquents qu'il éprouvait durant les premiers mois de son séjour dans le Midi, l'avaient forcément éloigné des mathématiques ; il put enfin les aborder de nouveau. « Je fais un peu d'algèbre, de physique, de philosophie. » Il se rendait même deux fois par semaine auprès d'un professeur à Nice pour prendre des leçons sur ces matières. Il revenait ainsi aux livres de science, autant pour satisfaire un goût naturel qui le portait volontiers vers ce côté de la science humaine, que pour ne pas perdre complètement de vue sa préparation à l'école polytechnique.

PAUL DUBOURG

IV

LYCÉE DE CAEN

PAUL DUBOURG

LYCÉE DE CAEN

A son retour de Cannes, Paul eût vivement
souhaité de quitter enfin le monde pour entrer au séminaire. L'épreuve était assez sérieuse, croyait-il, pour qu'il fût inutile de la
prolonger. Ses parents en jugèrent autrement :
peut-être la voulaient-ils plus longue ; en tous
cas, l'état de sa santé leur paraissait réclamer
encore un nouvel ajournement. En attendant,
il convenait d'utiliser ce temps, passé loin des
lieux où le pieux jeune homme rêvait de

s'ensevelir. S'il n'eût consulté que son cœur, il eût repris le chemin de la capitale et fût revenu prendre sa place sur les bancs de l'école Sainte-Geneviève. Il n'y fallait pas songer. De l'avis des médecins de Caen et de Cannes, la préparation à l'école polytechnique ne pouvait avoir lieu dans un internat. Ils ne l'autorisaient que sous la condition expresse que le jeune étudiant vivrait en famille et suivrait les cours spéciaux au lycée de Caen.

Aucun incident notable ne vint troubler ici la monotonie de ses journées; mais nous devons au moins signaler en passant le soin qu'il apporta dans le choix de ceux qu'il voulait faire les confidents habituels des sentiments de son âme. Il ne vit que deux de ses condisciples, élevés comme lui très-chrétiennement, et désireux de conserver pur le dépôt de leur foi, si souvent compromis dans ce milieu universitaire. L'un d'eux a laissé sur Paul des observations trop pleines de justesse pour n'en pas extraire quelques passages.

« M. Dubourg, dit-il, me parut très-simple et en même temps très-bien élevé, peu causeur, mais très-discret et très-retenu. Il veillait sur

ses démarches avec une prudence que je n'ai
jamais remarquée à un pareil degré dans un
jeune homme de cet âge. Il était d'une extrême
complaisance et amabilité. Cette affabilité,
unie à autant de dignité et de réserve, lui
conciliait l'affection de tous ses camarades, qui
étaient comme forcés de respecter cette réserve.
En un mot, je remarquai bientôt en M. Dubourg un ensemble de qualités bien rarement
unies dans un étudiant. D'un certain nombre
de faits qui montraient sa prudence, son tact,
son esprit pratique, et une grande énergie
pour accomplir sans bruit, mais sans hésita-
tion, le parti une fois pris, je conclus qu'il
avait autant de jugement que de fermeté.
J'avançai ainsi dans la connaissance de ce
caractère remarquable, et mes premières con-
clusions n'ont fait que s'affermir..... Simplicité et distinction, avec un grand fonds de
douceur et de générosité cachée, voilà en
quelques mots ce que je connus de M. Dubourg
pendant mon année de mathématiques. »

Il nous semble qu'on donne bien la note
dominante de cette âme : « simplicité et distinction, douceur et générosité cachée. » Les

élèves de Sommervieu ne tarderont pas à souscrire à cet éloge.

Paul, comme à son ordinaire, s'adonna tout entier à l'étude : peut-être ne comptait-il pas assez avec ses forces. « Avec les mathématiques, écrivait-il, je fais de la chimie; j'en fais même trop. J'y ajoute un peu de littérature. » Ce n'est pas tout; il croyait avec cela avoir des loisirs qu'il utilisait en s'occupant d'Économie politique, « fort belle science, ajoutait-il, mais dans laquelle, malheureusement, la plupart des savants ne tiennent guère compte de Dieu, de la Providence et de l'âme humaine. »

Est-il besoin d'ajouter qu'enfant soumis et respectueux, il fit, durant ces quelques mois, la joie et le bonheur de toute sa famille ? « Jamais, nous dit son père, il ne nous a donné le moindre sujet de mécontentement. » Sa tante ayant été souffrante durant cet hiver, Paul allait la voir fréquemment, et s'acquittait de son mieux des devoirs imposés par la reconnaissance. Ayant aperçu, dès les premières visites, une vie de sainte Catherine de Sienne, le pieux jeune homme ne manquait jamais, après avoir satisfait aux besoins de son cœur, de se retirer dans un coin de la chambre pour en parcourir quelques pages.

A la fin de l'année scolaire, M. Dubourg se rendit à Paris pour les examens de l'école polytechnique. La Providence permit qu'il échouât. « C'est un petit malheur, j'en suis tout consolé », écrit-il à la suite de son échec. « On eût dit, nous assure le condisciple avec lequel il était particulièrement lié, qu'il venait d'apprendre une bonne nouvelle. Il causait avec son affabilité ordinaire, et l'indifférence si vraie qu'il montrait pour cet insuccès, ne me permit pas de douter qu'il n'y eût déjà en lui une vertu peu commune. »

De Paris, Paul va directement, en compagnie de sa mère et de son frère, à Aix en Savoie, où il suit un traitement à l'établissement de Marlioz; mais, loin de se livrer aux charmes d'une station balnéaire et de rompre même momentanément avec les livres, il aborde aussitôt l'examen d'un ouvrage écrit par un partisan de l'école évolutionniste, et peut, quelques jours après, en rendre compte à un de ses amis. Nous ne le suivrons pas dans les diverses considérations qu'il fait, et nous hésiterions même à ratifier le brevet d'orthodoxie délivré à l'auteur. Il fait du reste, lui aussi, des réserves, en remarquant que cet auteur n'affirme pas et qu'il se tient exclusivement dans le domaine des hypothèses.

A son retour à Caen, il travaille avec la même ardeur. « Je continue mes études de géologie et d'anthropologie : je pense que cela ne me sera pas inutile. Je lis aussi du latin ; je prends, pour commencer, du Cicéron, et du Cicéron philosophe. Je lis encore la philosophie du P. Gratry. Pour un ancien mathématicien, il devrait être plus clair et moins diffus. Néanmoins, il a de fort belles pages et de grandes et originales pensées. » L'étude des mathématiques avait formé en M. Dubourg un esprit clair et méthodique qui le rendait difficile sur le chapitre de la précision et de la propriété des termes. Aussi il n'était pas tendre à l'endroit des théories creuses de nos savants modernes. « C'est bien triste de voir comment tous ces savants, observateurs consciencieux, dès qu'il s'agit de raisonner un peu, perdent tout bon sens. Ils font de grandes phrases, disent de grands mots, grecs, latins, allemands, se grisent avec leurs paroles et croient avoir démontré quelque chose. » Ayant occasion d'écrire à un de ses amis pour lui demander des indications sur un bon traité de calcul infinitésimal : « Je voudrais, ajoute-t-il, quelque chose d'élémentaire, de clair, mais en même temps un ouvrage philosophique, si je puis ainsi parler, montrant l'enchaînement des choses, et non un ouvrage à ficelles. »

Ce labeur opiniâtre, ce commerce incessant avec les livres, n'étaient point seulement pour satisfaire un simple besoin d'activité. Paul n'oubliait pas qu'il se devait à Dieu et aux hommes, et, dans ces efforts de l'esprit, dans ces élans de la pensée, cette idée ne le quittait jamais : « Travaillons sans perdre notre temps, sans dissiper nos forces. Je voudrais prendre ma faible part à ce travail commun, et je te demande de bien prier Dieu pour moi, afin qu'il me donne courage et énergie. »

Ces prières, le pieux jeune homme les demandait à l'amitié, quelques semaines avant la démarche solennelle qu'il allait faire enfin, avec le plein consentement de ses parents.

Jusqu'ici son entrée au Grand Séminaire était restée le secret de son âme, confié seulement à sa famille et à son directeur. Il était temps de déchirer le voile, du moins pour ceux de ses condisciples avec lesquels il vivait dans une sorte d'intimité. L'un d'eux, alors à Saint-Sulpice, frappé de plus en plus de la piété qu'il remarquait en son cher Paul, avait entrevu les desseins que celui-ci tenait si cachés. « Tu ne désespères pas d'être reçu plus tard dans notre sainte maison d'Issy, lui écrivait-il déjà à la rue des Postes ; c'est pourquoi tu t'informes de la vie qu'on y mène, sans insister toutefois, de peur que je ne pénètre tes desseins. » Et, cette même année, il lui posait les questions suivantes : « Que deviens-tu ? Que fais-tu ? Que desires-tu faire plus tard ? Un seul mot : Mathématiques, répond-il pleinement à toutes ces questions ? — Non, je n'en doute point, car un jeune homme comme toi ne vit pas seulement de chiffres et de triangles. »

Paul entendait bien ne pas vivre que de chiffres et de triangles, mais le moment n'était pas encore venu de parler. Au mois d'octobre 1880, tout étant définitivement réglé, il s'ouvre ainsi de ses projets à un autre de ses amis : « *Cedant arma togæ ;* je quitte l'épée et l'uniforme de polytechnicien pour la soutane de séminariste. Je dis adieu à tous mes beaux projets. Mais je ne crois pas être moins utile à notre chère et malheureuse France. Si je ne sers point sous les drapeaux, si je ne prends point part aux luttes moins sanglantes de la politique, je tâcherai au moins de fortifier les cœurs des combattants, et toujours je prierai pour eux. D'ailleurs, qui sait si un jour je ne verserai pas, moi aussi, mon sang sur un champ de bataille, en qualité d'aumônier militaire, à la suite de tant d'autres prêtres et religieux ? »

Il s'écoula environ deux mois entre cette communication et son entrée à Sommervieu. Dans cet intervalle, sa vie fut des plus édifiantes. Un prêtre, qui eut occasion de le voir assez souvent vers cette époque, frappé de tout ce qu'il voyait en lui, et surtout de sa mortification dans les repas, a avoué depuis que, quoique ignorant complètement ses desseins, il avait eu le pressentiment qu'il entrerait un jour au séminaire. C'est dans ce même temps que, par une coïncidence assez singulière, il fut appelé à faire garçon d'honneur aux noces de l'un de ses cousins, « honneur peu envié, disait-il, bien plutôt corvée, mais honneur qui ne se peut décliner. Ce cousin va partir pour l'Italie ; je lui ai demandé de prier pour moi à Rome. » Ce n'est pas la dernière fois que nous le verrons porter ses regards et ses pensées vers cette ville, devenue en quelque sorte la patrie de son âme ; mais en attendant qu'il puisse faire ce pèlerinage, il ne songe plus qu'à se préparer à la vie du séminaire. « Comme je désire ne pas perdre absolument mon temps d'ici à mon entrée au séminaire, écrivait-il à Sommervieu, tu serais bien aimable de me dire ce que vous faites actuellement, les ouvrages que vous avez entre les mains, etc. Je désirerais savoir comment sont organisées vos journées, vos heures de travail, vos cours. En un mot, renseigne-moi aussi bien que possible sur votre vie. » Dès ce jour, le monde ne lui fut plus de rien, et il vécut au sein de sa famille en vrai séminariste.

PAUL DUBOURG

V

SOMMERVIEU

PAUL DUBOURG

SOMMERVIEU

Paul arrivait à Sommervieu en décembre
1880, quelques jours seulement avant la Nati-
vité de Notre-Seigneur Jésus-Christ. Il quitte
le monde, qui lui sourit, avant que les mé-
comptes ou la satiété lui en fassent un devoir.
Il apporte à Dieu une âme qu'aucun souffle
profane n'a fanée ni flétrie. Il embrasse une
vie de sacrifice, non par une sorte d'entraînement ou d'enthousiasme factices, mais avec le

calme et la sérénité d'une âme convaincue. Au reste, loin d'emporter dans la solitude aucune trace d'amertume ou de dépit contre les frères qu'il laisse dans le siècle, il y vient avec l'intime persuasion de leur être plus utile plus tard, quand l'heure aura sonné pour lui de retourner vers eux. Il pense, avec juste raison, que les gloires obscures et les pénibles labeurs d'une vie toute cachée en Dieu sont la meilleure préparation à l'apostolat.

Son entrée fut un petit événement pour une communauté habituellement si calme. Le pieux jeune homme ayant fait une apparition quelques jours avant son installation définitive, son nom avait été prononcé dans les groupes et avait défrayé les conversations. On y connaissait déjà l'honorabilité de sa famille, les succès qui l'avaient accompagné dans ses études, la noblesse des motifs qui le faisaient renoncer à la carrière des armes ; on lui savait gré du choix qu'il avait fait de Sommervieu pour sa formation cléricale ; il n'était pas jusqu'à cette persévérance à poursuivre sa vocation, malgré les obstacles qu'il avait rencontrés, qui ne le grandit dans l'estime de

ceux qu'il allait avoir pour confrères. En un
mot, tout contribuait à lui attirer les sympathies de tous.

Les premiers rapports que les élèves de
Sommervieu eurent avec lui ne furent pas
pour diminuer ces favorables dispositions. Un
maintien noble et modeste, une figure intel-
ligente et pleine de bienveillance, une certaine
distinction répandue dans toute sa personne
et alliée à une grande simplicité frappèrent
d'abord; mais ce qui attira surtout l'attention
et lui gagna tous les cœurs, ce fut son humilité. Dès le premier jour, sa grande préoccupation fut de se faire oublier et de passer
inaperçu. A qui connaît la doctrine de Notre-
Seigneur, il n'est pas besoin d'apprendre que
ce sera toujours le grand secret d'acquérir sur
ses semblables une véritable autorité morale.
Alors que nous aimons assez à nous mettre
en scène et à faire confidence au public de nos
prétendus mérites, et peut-être un peu à cause
de cela, nous sommes sévères sur ce chapitre
à l'endroit des autres; par contre, nous exal-
tons volontiers celui qui, avec des mérites
réels, s'ignore et se cache. Aussi Sommervieu

réserva-t-il au nouveau venu l'accueil le plus
cordial. Paul en fut vivement touché, comme le
témoigne une lettre écrite dès les premiers jours :
« Maman a dû vous donner de mes nouvelles
et vous dire que je ne m'ennuyais pas du tout
ici. Grande amabilité tant de la part des direc-
teurs que de la part des élèves. Dès le premier
instant, c'était à qui me rendrait un service.
Je me sens tout heureux. Je crois qu'il y a fort
longtemps que je n'ai été aussi gai. » Parlant
ensuite de sa vocation, il ajoute : « Il me semble que je suis dans ma voie. Avant d'entrer,
il me venait encore quelques doutes; mais,
depuis que je suis ici, pas un seul n'est venu
un instant me troubler : aussi suis-je très-
heureux. »

M. Dubourg ne peut cacher le bonheur qui
inonde son âme. A peine a-t-il pénétré dans
cette atmosphère surnaturelle qu'il a senti
toutes ses puissances morales se dilater sous
l'influence d'une douce paix. Nous ne nous
rendons pas bien compte de l'impression que
cette joie des enfants de Dieu doit produire
sur ceux qui ont à souhait les biens d'ici-bas,
et à qui toutefois la vie pèse comme un far-

deau. Si nous ne nous trompons, ce doit être
tout au moins de l'étonnement. Eux, à qui
rien ne manque de ce que le monde estime et
recherche, portent, au fond du cœur, une peine
secrète qui empoisonne tout. Voyez, il y a des
nuages et des ombres sur leur front. Ils essaient
de se distraire et d'oublier. Ils demandent aux
fêtes de la terre quelque relâche, sinon des
consolations : vains efforts, partout le vide,
l'inquiétude, la lassitude. Quand alors il leur
arrive de rencontrer en leur chemin une de
ces âmes qui se privent de tout par amour de
Dieu, et qu'ils peuvent contempler sur ses
traits comme une sorte de rayonnement divin,
je ne sais quelle douce venue de l'âme sur le
visage, quel étrange problème pour leur esprit!
La foi seule pourrait résoudre ce problème,
et la foi trop souvent, hélas! est fort chance-
lante dans ces heureux du siècle. Pour nous,
habitués aux climats chrétiens, nous avons la
solution. Ces âmes qui vivent près de Dieu
ont leurs peines, sans doute, quelquefois
écrasantes pour la nature abandonnée à elle-
même; mais leur Époux se penche vers elles

et y verse ce baume surhumain connu seulement de ceux qui l'ont goûté.

Il est d'usage, dans les séminaires, de faire
une retraite au début des exercices scolaires.
Paul, entré trop tard pour participer à celle de
la communauté, dut la faire en son particulier.
Il se servit pour cela des Exercices de Saint
Ignace et de la Retraite du P. Bourdaloue.
Afin d'éviter la fatigue, on lui conseilla, en
même temps, la lecture de la vie du P. de
Ravignan, par le P. de Ponlevoy. Ce ne fut
pas, sans doute, sans un dessein providentiel
que le pieux jeune homme parcourut ces pages.
La vue de ce brillant magistrat renonçant à la
gloire humaine pour avoir sa part d'humilia-
tions dans la Compagnie de Jésus, devait être
la meilleure des prédications pour celui qui,
Dieu aidant, voulait marcher dans cette voie
de l'abnégation parcourue par tous les amis de
Dieu. Cette lecture fut une révélation. L'idéal
de beauté morale qu'il avait rêvé, il l'avait là
sous les yeux : le modèle était trouvé, il pouvait orienter sa vie. Les nombreux passages
qu'il a recueillis dans ses notes témoignent de
cette profonde impression. Nous en citerons

quelques-uns. Ils nous feront entrer plus avant dans la connaissance de cette âme, en nous livrant, à son insu, les nobles sentiments qui l'occupaient :

« Donnez à Dieu tout ce qu'il vous demande, et répétez-vous sans cesse à vous-même qu'il faut mourir à soi, à tout ce qui est humain, naturel, sensible, pour vivre de l'amour crucifié de Notre-Seigneur..... Donc mort à tout ! Oui, mort à vos affections, mort à vos inclinations naturelles, mort à vos passions, mort à vos désirs, mort à votre volonté propre, mort à votre esprit propre, mort à votre jugement propre..... : en un mot, mort continuelle et habituelle ! Oui, il faut en venir à pouvoir dire avec vérité : je meurs à chaque respiration ; de même que mon corps perd de sa vie à chaque battement de mon cœur, de même la nature en moi reçoit un coup de mort à chaque action de la journée. » Et encore : « Pauvre vie et pauvre terre ! Quand donc l'aurons-nous quittée ! Elle a cependant un prix, c'est la souffrance ! Pas de monde pour nous autres prêtres et religieux : nous immoler, voilà tout. Jetons nos cœurs bien haut et bien loin ! »

Cette spiritualité mâle, austère et toute pleine de la sève évangélique, n'est point faite pour le décourager. Il l'embrasse à son heure après tant d'autres, et on peut voir par le règlement qu'il s'est tracé à la fin de sa retraite que ce n'étaient point là des aspirations passagères s'éveillant au milieu des délicieux colloques d'une retraite, mais le fruit d'une sérieuse et solide réflexion.

En tête de toutes ses notes de spiritualité, Paul inscrit le signe de notre Rédemption avec une des devises consacrées. Nous n'avons garde de rien supprimer.

O crux, ave, spes unica.

Lever. — Au premier coup de la cloche, sauter à bas du lit, sans tarder une seconde. M'habiller promptement sans perdre de temps. Réciter l'*Angelus* et le *Miserere.* Préparer l'Oraison.

Mettre autant que possible ma chambre bien en ordre.

Oraison. — Ne rien faire avant, pas même du feu. S'il y avait empêchement majeur, la faire au premier moment libre et déplacer, s'il le faut, un autre exercice moins important, comme serait la préparation de la classe. Si j'ai trop de distractions, la prolonger ou même la recommencer. Dans la préparation, me rappeler toutes les grâces que Dieu m'a faites jusqu'ici, son immense bonté à mon égard et mon ingratitude, repasser immédiatement mes fautes passées, de manière à exciter en moi de vifs sentiments de mon indignité. Préparer mon sujet d'oraison de veille : pour cela, me réserver quelques minutes avant la retraite.

Il y a des sujets sur lesquels il désire revenir fréquemment.

Toutes les semaines : la passion, la mort, l'humilité, la bonté de Dieu, les grâces reçues.

Tous les mois : tiédeur, scandale, obéissance, mortification, présence de Dieu.

Dans ces commencements, M. Dubourg fait surtout porter ses résolutions sur la mortification et l'humilité. : « Me déterminer un acte de mortification. » Et cela tous les jours. Il convient de remarquer en passant qu'à raison de sa santé, Paul était autorisé à ne se lever qu'à six heures, ce qui lui permettait de choisir ses sujets d'oraison tous les jours.

Après l'oraison, il consacre dix minutes à l'examen de prévoyance. Cet examen consiste dans une vue générale de la journée, à l'effet de prévoir les diverses occasions où l'on pourra être d'offenser Dieu, et de se précautionner, autant qu'on le peut, à l'avance, contre ces dangers. Ce temps était peut-être un peu long : plus tard, il n'y consacra que cinq minutes.

Préparation des classes. — Abandonner immédiatement en entrant dans ma chambre la lecture commencée. A neuf heures du matin, petit retour sur moi-même. Ne jamais perdre une minute. Préparer d'abord la classe dans l'auteur et ne faire d'autre étude qu'une fois la classe bien préparée. Prendre garde à la vanité dans mon travail. Faire souvent des oraisons jaculatoires : m'inspirer pour cela de mes études.

Classes. — Y faire grande attention aux explications. Ne pas causer avec mes voisins. Ne pas rire ni juger ceux qui récitent. Pas de mollesse dans la tenue. Si on m'interroge, ni amour-propre, ni timidité. Suivre dans mon livre et prendre des notes sur les explications du professeur. Ne pas croiser les jambes. Mettre les pieds sur la planchette. Me tenir droit.

Repas. — En entrant au réfectoire, ne pas regarder les plats. Écouter avec attention la lecture : ne pas la juger. Ne pas regarder ce que font mes voisins. Prendre garde à la gourmandise : songer qu'on mange pour vivre et qu'on ne vit pas pour manger. Me rappeler qu'il y a des pauvres qui, à l'heure présente, meurent de faim. Accomplir à chaque repas quelque mortification. Mettre du sel avec le premier plat, jamais avec le second.

Récréations. — Demander dans la visite avant la récréation de ne blesser ni la charité, ni l'humilité. Veiller attentivement sur mes paroles. Prendre garde à la vanité. Me joindre au premier groupe. Écouter les autres : ne pas les interrompre. Parler peu : cependant, tâcher doucement de relever la conversation quand elle tombe. Ne pas mettre trop d'ardeur au jeu. Pas de chicanes. Ne pas discuter, ou le faire avec douceur, sans entêtement. Pas de railleries, de familiarités, de brusqueries, de manques de respect. Ne pas parler de moi, de mes occupations présentes et à venir. Ne pas parler des petits ennuis, des petites souffrances qui peuvent m'arriver.

Lecture spirituelle. — Écouter avec attention. M'appliquer à ce qui est dit. Me tenir droit, les bras croisés. Ne pas regarder avec curiosité mes voisins. Ne pas faire de remarque sur la lecture.

Coucher. — Avant de me coucher, faire un acte de contrition et baiser la terre. Me déshabiller promptement. Ne rien faire autre chose en ce temps-là. En me déshabillant, réciter le *Miserere*, et songer au dépouillement de N.-S. Une fois couché, ne penser ni au travail, ni à quoi que ce soit qu'au sujet d'oraison du lendemain, ou m'occuper de quelque considération pieuse.

Passage d'un exercice à un autre. — Quitter mes occupations au premier son de la cloche. Si je n'ai pas un livre à la main, réciter le *Chapelet*, le *Salve Regina* ou le *Miserere*. Ne pas perdre de temps. Ne marcher ni trop lentement ni trop vite. Pas de curiosité. Saluer avec soin confrères et domestiques. Ne regarder ni à droite ni à gauche. M'occuper, en marchant, de quelque pieuse considération, comme de la présence de Dieu, de l'amour de Notre-Seigneur, etc. — Une fois entré dans ma chambre, abandonner immédiatement ma lecture, même un membre de phrase. Prendre toujours de l'eau bénite. Dire immédiatement le *Veni Sancte* et me mettre en la présence de Dieu.

Ordre dans la chambre. — Avoir soin de la bien balayer et épousseter. Ne jamais laisser rien en désordre. Remettre tout en ordre avant de sortir chaque fois. Ne laisser ni livres ni habits traîner. Si je n'ai pas le temps de faire mon lit avant la messe, le faire immédiatement en rentrant.

Tout le secret de la vie morale est dans la dépendance de notre volonté par rapport à celle de Dieu. S'isoler, se soustraire à l'influence divine, c'est se condamner à une désolante stérilité. Pour vivre surnaturellement, il faut donc jeter et écouler son activité en Dieu, la mêler et détremper dans son bon plaisir, suivant le gracieux langage du saint évêque de Genève. Le règlement qu'on vient de lire nous prouve que Paul comprend, dès le début, cette doctrine et la met en pratique. Rien n'est laissé dans le vague et l'à peu près, à plus forte raison livré au caprice ou à la fantaisie du moment. Les règles générales et communes ne lui suffisent pas. Il lui faut des prescriptions plus nombreuses, un assujettissement plus complet. Souhaitant ne se plus appartenir, il ne sera content que quand sa volonté fera partout et toujours écho à celle de Notre-Seigneur. Le sens humain pourra ne voir ici, et n'y verra probablement qu'étroitesse de vue, misérables détails, et, pour employer le mot qui a cours, des minuties. La foi y découvrira les délicatesses d'une âme aimante. Qui ne connaît les mille industries d'une mère pour témoigner son amour à son enfant? Songe-t-on à les lui reprocher? Y voit-on rien de petit, de mesquin? Ces mille riens composent la délicatesse maternelle que nous admirons tous. Et pourquoi donc blâmer la délicatesse à l'égard de Dieu? Ah! laissons certaines créatures s'éprendre d'une véritable passion de le servir et de l'aimer, laissons-les se vouer à cette servitude volontaire, à toute heure, à toute minute, et conservons à cette attitude, à cette obéissance parfaite le nom qui lui convient; disons qu'elle est l'expression de la plus grande tendresse et du plus pur amour. Les sociétés pour vivre ont plus besoin de ces immolations obscures que d'or et de puissance, et, en face de ce vent d'indépendance qui souffle partout et fait litière des droits de Dieu, on a besoin de reposer ses regards sur ces âmes où règne en maître le sauveur Jésus.

L'oraison a une place à part dans ce règlement. C'est ici surtout que tout est fixé avec une précision mathématique. L'oraison est comme un centre dans la vie spirituelle. Placée au début de la journée, elle plonge l'âme dans une atmosphère surnaturelle en la revêtant de Dieu, fait circuler comme une sève de vie divine dans toutes les actions qui composent la trame d'une vie de séminariste. C'est parce qu'il comprend ces choses que le pieux jeune homme apporte une attention scrupuleuse à ne négliger aucun des moyens propres à assurer les fruits d'un si saint exercice; mais l'application à l'oraison et aux autres actions de la journée n'est pour lui qu'un moyen pour atteindre un but, et ce but c'est la perfection. Voilà bien l'idée qui se dégage de ses résolutions et domine tout, comme on peut le voir en particulier par ce vif désir qu'il éprouve de ne pas perdre une minute, et d'agir en tout pour la plus grande gloire de Dieu. Ses efforts se portent de préférence sur l'humilité, la charité et la mortification. Qu'on le suive en classe, au réfectoire, en récréation, etc., on le voit sans cesse occupé à l'acquisition de ces vertus fondamentales, et, ce qui ne gâte rien, on retrouve partout le jeune homme délicat et bien élevé.

Il pourra paraître puéril à plusieurs que Paul ait songé dans son règlement à ces menus riens concernant la bonne tenue d'une chambre. Mais que l'on veuille bien se rappeler que sainte Thérèse, saint François de Sales et tant d'autres, n'ont pas cru indigne d'eux de s'en occuper et d'entrer là-dessus dans les plus minutieux détails. L'ordre et la propreté de la cellule de M. Dubourg étaient pour frapper. Nous ne saurions en donner une meilleure idée qu'en mettant sous les yeux des lecteurs quelques lignes trouvées dans ses notes et relatives à l'aspect qu'offrait au visiteur la chambre du P. Lacordaire. Elles traduisent parfaitement l'impression qu'on

éprouvait dans la sienne; on pensait involon-
tairement à la beauté de son âme : « Lorsque
l'œil d'un ami se glissait dans sa cellule de
travail, il n'y trouvait rien que de soigné et
de symétrique. Nul désordre dans les livres :
le papier, les plumes, l'écritoire, le canif
même, disposés avec une sorte d'art correct sur
la petite table noire. La même régularité, la
même netteté dans tout ce qu'il fait, dans tout
ce qu'il touche. »

Paul n'avait pas encore revêtu la sainte soutane. Ce bonheur ne lui fut donné que quelques
semaines après son entrée à Sommervieu. Durant cet intervalle, aucun trouble ne vint
agiter son âme au sujet de sa vocation. Dès les
premiers jours, il demeura convaincu qu'il
était dans sa voie et qu'il n'avait plus qu'à y
marcher généreusement. Fort de cette conviction, il écrivait à sa famille, au début de l'année
1881 : « M. le Supérieur m'a entretenu du
moment où je prendrai la soutane. Pour mon
compte, je désire la prendre le plus tôt possible; au moins souhaiterais-je ne pas attendre
trop longtemps. M. le Supérieur m'a parlé du
dimanche de l'Épiphanie : je pourrais peut-

être attendre au dimanche suivant, fête du Saint Nom de Jésus. Je désirerais que ce fût un jour de fête, et il n'y en a pas d'autre jusqu'à la Purification. Toutefois, si vous le préférez, je puis attendre jusqu'à cette époque. »

La cérémonie eut lieu dans la chapelle de la Sainte Vierge, le jour où l'Église célébrait la fête du Saint Nom de Jésus. Le séminariste, portant sur ses bras la livrée de Jésus-Christ, vient s'agenouiller aux pieds de Marie ; quelques confrères l'entourent. Assurément, il n'y a rien là pour les yeux ; seul le regard de la foi, habitué à soulever les voiles et à pénétrer les surfaces, peut contempler ce qu'il y a de touchant dans une cérémonie en apparence si modeste. La conduite de ce jeune homme est un défi de plus jeté à la sagesse humaine. Tout lui a souri jusque-là, dans le chemin qu'il a parcouru : les promesses ne lui ont pas manqué, on a murmuré à ses oreilles le mot de gloire humaine. Il s'est détourné, et, s'arrachant à ces appels trompeurs des choses qui ne sont pas le but, le voilà se donnant à Dieu,

qui ne lui promet qu'une vie obscure et péni-
tente. Il va revêtir la sainte soutane, symbole
de cette vie livrée et sacrifiée. On comprend la
joie de l'Église en accueillant des âmes qu'elle
voit répondre si généreusement à l'appel de
leur Dieu.

Paul n'a pas manqué d'inscrire dans ses souvenirs de prise de soutane les magnifiques paroles adressées, par Mgr de Frayssinous, dans
une circonstance analogue, à un séminariste
d'Issy, devenu plus tard une des gloires de notre
France. En les rappelant ici, il est loin de
notre pensée de vouloir établir un rapprochement. Nous avons cru seulement qu'en transcrivant ces lignes, l'élève de Sommervieu était
digne, avec sa noblesse d'âme, de comprendre
le langage si élevé de l'évêque d'Hermopolis.
« Mon ami, disait le prélat au futur P. de
Ravignan, vous n'êtes plus à vous, vous êtes
tout entier à Dieu. Vous venez de lui consacrer
tout ce que vous avez et tout ce que vous êtes.
Le monde parlera de vos sacrifices : le monde
n'entend rien aux choses de Dieu. Vous n'avez
rien quitté, ou plutôt vous avez quitté le
trouble pour la paix, les illusions pour la vé-

rité, le monde pour Dieu. Certes votre partage est assez beau. »

M. Dubourg était à Sommervieu depuis peu de temps, et déjà il pouvait être proposé comme un modèle. Quelques semaines avant son entrée, on s'en souvient, le futur séminariste priait un de ses amis, qui l'avait précédé dans cette solitude, de le renseigner sur l'emploi des journées. Il voulait faire l'essai de ses forces et se familiariser à l'avance avec l'austère discipline à laquelle il lui faudrait bientôt se soumettre. Aussi, dès les premiers jours, le jeune homme du monde était-il au pas et se pliait-il fort bien à la vie nouvelle. « Rien chez lui, remarque l'un de ses confrères, n'attirait l'attention. Toutefois la vertu se trahit toujours, quelque soin qu'elle prenne de se cacher. » Elle frappa bientôt ceux qui étaient mieux placés pour le voir.

On remarqua particulièrement le soin qu'il apportait à ses prières. Le grand obstacle ici, ce sont les distractions : il suffit d'en appeler au témoignage de ceux qui ont tenté sérieusement l'entreprise ; en vérité, c'est un labeur bien pénible. Pauvre esprit humain, sans cesse à la merci de la première pensée qui se présente ! Des questions d'étude, des préoccupations chimériques ou réelles, des projets, des rêves sans cesse renaissants, de petites passions humaines, et puis tout un monde d'idées, d'images, de souvenirs sans suite, sans ordre, s'emparent tour à tour de lui et le jettent perpétuellement en dehors de l'occupation actuelle. Il y a des degrés, à la vérité, dans ces écarts de l'imagination, mais tous plus ou moins ont à payer leur tribut à cette faiblesse humaine. Avec une activité d'esprit plus qu'ordinaire, notre séminariste avait plus affaire que d'autres ; mais il apportait à la lutte une énergie de volonté qu'on pouvait lire sur ses traits. « J'étais singulièrement édifié, nous dit un de ses amis, de voir les efforts incessants qu'il faisait pour se débarrasser de ses distractions, en suivant à voix basse le directeur qui récitait les prières. C'est ainsi qu'il était arrivé à les dominer un peu : aussi conseillait-il ce moyen aux autres. »

Il n'était pas moins édifiant dans ses repas.

On se rappelle les précautions qu'il avait cru devoir s'imposer pour éviter les dangers qui s'y rencontrent. Le témoignage qu'on lui rend montre qu'il ne les perdait pas de vue : « Me trouvant vis-à-vis de lui au réfectoire, il m'a été donné d'admirer tout à mon aise sa prévenance et sa mortification. Il s'était fait le pourvoyeur de tous. Quelqu'un avait-il besoin de pain, de sel, de cidre, etc., il avait vu, et aussitôt il s'empressait d'offrir ce qui était nécessaire. Il exécutait ces petites manœuvres avec tant de naturel, d'aisance et d'adresse, que, même en se surveillant de très-près, il était très-difficile de le prévenir. Sans doute, l'éducation reçue dans sa famille l'avait habitué à ces délicates attentions, mais nous croyons sans peine que la charité chrétienne y avait sa part. Tout occupé des autres, il l'était fort peu de lui-même. Il était pour les mets le plus accommodant de tous. Que les plats fussent froids ou chauds, il acceptait tout avec un visage tranquille : jamais un geste n'a trahi le moindre mécontentement. »

Pour bien connaître une âme, il faut entrer en relations avec elle : les traits du visage nous

la montrent en partie, les faits qui forment
la trame de sa vie ajoutent à la connaissance;
seule la parole achève de nous la livrer. Tant
que nous n'avons pas cette parole, notre appréciation peut être prématurée. Nous pouvons
être en face d'un homme qui joue son rôle. La
conversation se prête moins facilement aux
calculs intéressés, et assez vite on perce l'en-
veloppe dont le faux personnage cherchait à
s'environner. Paul n'avait pas à redouter cet
examen. Disons-le même, c'est sur ce théâtre
que sa vertu brillait de son plus vif éclat.
Naturellement il eût pu avoir des préférences;
il les faisait taire pour s'adjoindre au premier
groupe qu'il rencontrait, et, comme il tenait
avant tout à se faire oublier, il laissait volontiers la parole aux autres, se taisait sur ses
études, ses projets d'autrefois, les voyages
qu'il avait faits, etc. Toutefois il était loin de
se renfermer dans le mutisme, il savait prendre
part à la conversation, mais toujours avec
modestie, et la plupart du temps pour soutenir
l'intérêt qui faiblissait, ou même pour la relever quand elle menaçait de dégénérer en lieux
communs ou en banalités. A la modestie il

faut joindre la charité. Il redoutait jusqu'à
l'ombre du mal sur cette matière. Jamais de
médisance, de critique, de parole tant soit peu
pénible, mais une attention continuelle à faire
plaisir et à être agréable en tout. La sagesse
de ses conversations n'était pas moins frappante
que son humilité et sa charité. Difficilement
le jeune homme reste dans la mesure : c'est
l'âge des ardeurs enthousiastes, des opinions
hasardées, des appréciations exagérées. Paul
échappait à cet entraînement. Tout dans ses
paroles était marqué au coin de la maturité :
elle a plusieurs fois frappé dans l'à-propos
avec lequel il révisait certains jugements un
peu trop précipités.

Sa santé s'était assez bien maintenue jusqu'au mois de mars, grâce aux précautions
qu'il avait prises avec l'autorisation de M. le
supérieur. Vers la fin du carême, il éprouva
quelque fatigue ; il était à craindre qu'elle
n'augmentât durant les derniers jours de la
sainte quarantaine, un peu plus pénibles pour
le corps. On lui conseilla de prendre quelque
repos au sein de sa famille. Le pieux jeune
homme se soumit, tout en s'éloignant à regret

de Sommervieu. « Je souffre beaucoup, écrivait-il, des troubles que ces petites absences, auxquelles m'oblige ma santé, jettent dans le travail de formation du séminaire ; et, lorsque je pense que peut-être dans quelques années je serai prêtre, je trouve que le temps est bien court pour acquérir toutes les vertus qui me manquent, et je verrais avec plaisir la durée du séminaire prolongée. »

A son retour, il se remit à l'étude avec ardeur. Ce n'était qu'à regret qu'il accordait quelque chose au jeu et au délassement. Dans la soirée des jours de congé, la communauté se rendait habituellement dans quelqu'un des parcs, si nombreux aux environs de Bayeux. Paul s'adjoignait à quelques confrères pour faire des lectures en commun. « Je me souviens, dit l'un d'eux, que nous nous réunissions pour lire quelques belles pages du P. Lacordaire, de Henri Perreyre, etc. Ce que Paul aimait dans ces lectures, c'était la grandeur, la beauté des sentiments, mais surtout ces élans qui partent du cœur. »

Les soins qu'il dut donner à sa santé ne

l'empêchèrent pas d'avoir à Sommervieu les succès qui l'avaient accompagné à Sainte-Marie et à la rue des Postes ; au reste, moins que jamais il songeait à s'enorgueillir : il rapportait tout à Dieu avec une simplicité d'enfant.

Les vacances s'ouvrirent par une excursion en Suisse. Son père avait souhaité faire ce voyage avec lui, autant dans l'intérêt de sa santé que pour lui procurer une jouissance artistique. A la fin de sa rhétorique, en 1876, Paul, avec les divers membres de sa famille, avait déjà visité les magnifiques cathédrales gothiques de Tours et de Chartres et la plupart des beaux châteaux dont la Renaissance a orné les rives de la Loire. Quelques années plus tard, pendant l'été qui suivit son retour de Cannes, il avait, après une saison faite aux eaux de La Bourboule, parcouru, en compagnie de sa mère et de son frère, les villes les plus intéressantes des environs et exploré quelques-uns des sites les plus pittoresques de l'Auvergne. Un voyage en Suisse devait, ce semble, mettre le comble à ses désirs. Qui n'a désiré contempler « ce beau livre d'images », respirer l'air pur de ces montagnes, fouler ce sol, rendez-vous des touristes, demander à ce pays le secret de son amour pour la liberté? Le fils est heureux sans doute d'accompagner son père dans cette excursion; mais rien chez lui de cet empressement naturel qui, ne sachant se contenir dans de justes bornes, se traduit généralement chez les jeunes gens par une sorte de joie enfantine. A la suite de l'ouverture qui lui est faite à ce sujet, il se borne simplement à faire part de ses projets à ses supérieurs, mais il garde le silence auprès de ses confrères.

Le projet de voyage primitivement arrêté ne put, d'ailleurs, être entièrement réalisé. Paul et son père devaient d'abord faire l'ascension du Rigi, en compagnie de Mme Dubourg et de René, et visiter ensuite seuls une grande partie de la Suisse, tandis que Mme Dubourg et René se rendraient à Aix, où ils iraient les rejoindre, en passant par la vallée de Chamouny. Le médecin trouva ce voyage trop fatigant pour Paul et pensa, en outre, qu'une seconde saison à Marlioz lui serait avantageuse. En conséquence, après avoir assisté, au sommet du Rigi, au lever du soleil, scène grandiose dont nous n'avons qu'une bien imparfaite idée dans nos plaines normandes, et avoir vu, en passant, Interlaken, tous les quatre se rendirent directement à Aix.

Après sa saison de Marlioz, Paul, laissant sa mère et son frère revenir en Normandie, alla, avec son père, visiter la vallée de Chamouny. Ils étaient montés sur une de ces légendaires voitures que nos montagnards, nous dit fort poétiquement M. X. Marmier, saluent tous les ans, comme nous saluons, nous, les hirondelles dans nos climats. M. Dubourg fut agréablement surpris de voir deux commis-voyageurs, leurs compagnons de voyage, offrir à M. l'abbé (Paul avait alors sa soutane, qu'il n'a quittée qu'en Suisse même, et bien à regret) des framboises qu'ils venaient de cueillir. Était-ce son habit? Était-ce sa physionomie qui avait excité leur déférence? On peut, à bon droit, présumer que la vue de la soutane n'incommodait pas trop les deux commis-voyageurs, et convenir aussi que l'air de bonté et de douceur répandu

sur la figure du jeune séminariste avait pu
favoriser cet acte de délicatesse.

Paul ne manquait pas de dire son Office de
la Sainte-Vierge quand il passait son temps
en chemin de fer; il le lisait aussi en faisant
à mulet l'ascension de la Flégère, « dans des
passages, remarque son père, où d'autres
auraient peut-être éprouvé quelque impression
de vertige. »

Cette excursion devait elle-même être suivie
d'un pèlerinage à Paray-le-Monial; mais de
mauvaises nouvelles reçues de Falaise sur la
santé du grand-père de Paul, en obligeant les
deux voyageurs à un retour précipité, les
mirent dans l'impossibilité de réaliser leur
pieux projet.

Il est deux autres lieux du monde, Rome et
Lourdes, où le pieux séminariste eût désiré
s'agenouiller et prier. Cette consolation ne lui
a pas été donnée.

De retour en Normandie, comme sa santé
exigeait toujours des ménagements, ses supérieurs lui laissèrent toute latitude au sujet
de ses dissertations de vacances; mais lui ne
pouvait se faire à l'idée du repos; il crut qu'il

lui était possible de faire au moins une dissertation, et, avec le consentement de son professeur, il prit pour sujet de son travail : Les Œuvres catholiques au XIXe siècle. « Eh quoi ! disait-il, ne pourra-t-on pas montrer que le catholicisme vit et travaille ! » Dans ce but, il fit plus ample connaissance avec Montalembert, le P. Lacordaire, le P. Gratry, l'abbé Perreyve, Ozanam, le vicomte de Melun, mais surtout avec la providence des pauvres du faubourg St-Marceau, la sœur Rosalie, pour laquelle il éprouvait la plus vive admiration. Il prit des notes sur tout ; malheureusement elles sont restées éparses çà et là sur de nombreuses feuilles volantes et n'ont pu être mises en ordre.

Une véritable jouissance intellectuelle lui fut ménagée à la fin des vacances : il put se rendre à Paris pour voir l'exposition d'électricité. Il avait un goût très-prononcé pour les études de physique et de chimie, et il allait d'abord au côté pratique. Sous ce rapport, comme sous beaucoup d'autres, il était de son siècle ; de là aussi son admiration pour le peuple anglais, le premier peuple du monde pour les diverses applications à l'industrie des théories scientifiques. « Cette exposition est vraiment intéressante, écrit-il, mais surtout au point de vue pratique des applications de l'électricité à l'éclairage, à la télégraphie et à la téléphonie. L'éclairage électrique y tient la plus grande place et surtout la plus brillante, ce qui n'est pas étonnant. On y voit réunis tous les systèmes de foyers électriques découverts jusqu'ici. Puis viennent tous les systèmes télégraphiques, les appareils téléphoniques, les appareils de signaux employés par les compagnies de chemins de fer, etc... »

On se tromperait si l'on pensait que cette excursion dans le domaine scientifique fut pour Paul une simple occasion de satisfaire sa curiosité. C'était un nouveau moyen qui lui était offert de se perfectionner dans la connaissance des sciences expérimentales : il tenait à ne le pas négliger. Le séminaire de Sommervieu profita lui-même de cette visite à la capitale. M. Dubourg, chargé du cabinet de physique, utilisa pour des expériences intéressantes, bon nombre d'instruments rapportés de Paris.

Il passa les derniers jours de ses vacances à
Orbois, près de Mme Le Boucher, sa grand’-
mère. En arrivant, il se mit à la disposition
de M. le Curé pour servir la messe. Sa
modestie et son esprit de foi édifièrent singulièrement les personnes présentes : « Oh !
que M. Dubourg sert bien la messe ! Comme
il est pieux ! Quel bon séminariste ! » Il
n’était pas en moins grande estime auprès des
personnes au service de Mme Le Boucher.
Monsieur Paul , c’est ainsi qu’elles l’appelaient, leur apparaissait environné de l’auréole
de la science et de la vertu ; d’ailleurs, il était
si bon pour elles ! Aussi, à l’annonce de la
douloureuse nouvelle : « Quelle perte pour
l’Église ! disaient-elles , mais aussi quelle
perte pour nous ! »

Le 1er octobre 1881 , il rentrait à Sommervieu pour continuer ses études ecclésiastiques.
Nous nous rappelons encore sa joie et son
bonheur. Sa mère et son frère René, qui
l’accompagnaient, purent être témoins de la
douce émotion qui pénétra son âme, en
foulant de nouveau le sol de cette solitude
qui devait le cacher, quelques semaines en-

core, aux regards du monde et le préparer au prochain départ pour le ciel.

L'année scolaire s'ouvrit par les exercices de la retraite, à laquelle cette fois le pieux séminariste put prendre part avec ses confrères. Dans sa pensée, cette retraite est une des grandes grâces que Dieu lui ait faites. « Oh ! que vous êtes heureux, répète-t-il plusieurs fois à un nouveau venu, d'avoir fait votre retraite avec la communauté ! » Ces paroles lui sont dictées par les sentiments de la plus vive reconnaissance. Dieu s'est manifesté à lui. Il a entrevu cette beauté auprès de laquelle les beautés terrestres ne sont que de pâles ombres. Comment se taire ? Il avait épanché d'abord cette joie dans l'âme de son directeur. Le lendemain de la clôture de la retraite, 10 octobre, il entre brusquement dans sa chambre. Faisant allusion à ce qu'il appelait ses pensées d'ambition, il s'écrie avec un accent impossible à rendre : « Ah ! pour cette fois, j'ai une noble et grande ambition, et je la crois légitime. — Quelle ambition, cher ami ! — Je veux être un saint : Dieu a parlé, il faut que je marche. — Certes, voilà une

très-noble et très-légitime ambition ; je ne puis
que vous encourager à marcher vaillamment
dans cette voie. — Je le voudrais bien, Dieu
aidant ; mais, je crains ma faiblesse : aussi je
demande à vous voir fréquemment, tous les
deux ou trois jours, afin que vous me soute-
niez par vos encouragements. Je vous en prie,
voyez-moi et soutenez-moi, et, si je passe trois
jours sans aller vous trouver, prévenez-moi et
faites-moi appeler. » On s'explique aisément
la joie du directeur ; volontiers il promit son
concours, trop heureux de contribuer à l'avan-
cement spirituel de cette âme généreuse.

Voici ses résolutions de retraite :

In moriendo totum jacet.

Je dois et veux deux choses :

1º Expier mes fautes passées,
2º Être un saint.

Pour cela, je veux commencer par détruire

ma volonté propre pour ne suivre que celle de Dieu.

Donc : 1° Ouverture et obéissance absolue à mon directeur. Ne faire absolument rien sans le consulter. Être à son égard comme un petit enfant ;

2° Obéissance stricte à la règle et à mon règlement particulier. N'y rien changer sans l'autorisation de mon directeur. Veiller surtout à ce qui regarde l'Oraison et l'Examen particulier ;

3° Enfin veiller à être toujours recueilli, de manière à écouter toutes les inspirations du Saint-Esprit.

Certains autres détails viennent compléter ces résolutions :

A l'avenir, consulter mon directeur, sur toutes choses : lui demander autorisation pour lettres, dépenses, etc. Le prier qu'il me refuse quelquefois, même sans raison. Qu'il ne craigne pas de m'humilier en public, en classe par exemple. Qu'il m'avertisse de tout ce qu'il trouve de défectueux en moi.

Nous retrouvons dans ces résolutions la générosité que nous avons vue s'éveiller sur les

bancs du collège, maintenant grandie et dé-
veloppée, mais surtout purifiée et sanctifiée.
A mesure qu'il avance dans la vie, son âme
se simplifie : tous ses efforts ne tendent plus
qu'à un but unique, et ne sont que la mise
en pratique du mot de saint François de Sales :
« L'occupation la plus sérieuse de la vie du
vrai et fidèle chrétien est de chercher sans
cesse la perfection de son état. » — « Il est
vrai, dit l'abbé Perreyve, dans une lettre citée
par M. Dubourg, que quand on a reçu de
Dieu une certaine énergie d'honneur et un
peu de patriotisme, il n'est pas aussi facile
qu'on le croit de les étouffer. »

Nous venons de prononcer le nom de l'abbé
Perreyve. La lecture de la vie, et spécialement
des lettres du jeune prêtre, a exercé sur le
pieux séminariste une très-heureuse influence.
Ces pages sont couvertes de traits au crayon.
Avant de les avoir lues, il a eu quelques
doutes sur sa vocation ; depuis cette lecture,
plus l'ombre d'un doute, et il semble que Paul
ait raconté sa propre histoire en transcrivant
cette page : « Ces deux dernières années, l'idée
de me faire prêtre s'est réveillée plus forte et

plus puissante, et j'ai profité de cette visite
que Dieu m'accorde d'avoir faite si jeune au
tombeau des apôtres, pour déposer tout d'un
coup ma vie entière entre les mains du Maître.
J'ai prié Dieu de me faire tel qu'il veut que je
sois pour sa plus grande gloire et la plus
grande utilité de mes frères. J'ai fait serment
de renoncer à ce qu'on appelle la tranquillité,
le bonheur, les intérêts de ce monde, pour
embrasser la vie de la lutte et du travail. En
aurai-je la force? Je n'en sais rien ; je l'espère
néanmoins, n'ayant placé qu'en Dieu mon
espérance. »

Pour se maintenir dans les bonnes dispositions de sa retraite, il se réserve, tous les
jours, autant qu'il le peut, quelque temps
pour la lecture des vies de saints. Il est bien
rare qu'une âme qui a formé le dessein de
tendre sincèrement à la perfection, ne ressente
pas cet attrait. Au fond, elle a soif de Jésus;
mais Jésus est un centre, il est l'éternel rendez-vous des cœurs de noble race : elle trouve
auprès de lui toute une famille avec laquelle
naissent bientôt des liens d'une ineffable intimité. Une communauté de sentiments, de

désirs, d'aspirations, opère ce rapprochement. Ces âmes se comprennent vite, parce qu'elles entendent le même idiome et parlent la même langue. On ne lit guère les pages consacrées à l'honneur de la vertu; ne le faut-il pas regretter? Si l'on offrait à la jeunesse le spectacle d'une vie sérieuse, nul doute qu'on ne révélât bien des âmes à elles-mêmes. A côté des passions humaines, auxquelles une littérature malsaine ne prête qu'un trop complaisant appui, il y a dans ces âmes des restes d'une grandeur déchue; les bonnes lectures vont réveiller ces échos lointains d'une céleste origine et font résonner des harmonies cachées : tant il est vrai que la sainteté est une contagion, et qu'on ne peut en contempler les traits augustes dans la personne de ceux qui l'ont portée le plus haut, sans se sentir attiré invinciblement vers elle!

Paul avait ses préférences. Il s'attachait plus volontiers à méditer les vies édifiantes les plus rapprochées de nous : de là son attrait pour la sœur Rosalie, Ozanam, le P. Lacordaire, l'abbé Perreyve, le vicomte de Melun, le P. Millériot, etc. Il songeait peu à la forme; il cherchait simplement à nourrir son zèle et à s'édifier. « La vie d'Ozanam a des longueurs, disait-il, mais qu'importe, on voit une âme qui aime et qui se dévoue, cela suffit. » On parlait un jour devant lui de la vie de la sœur Rosalie, par le vicomte de Melun, et on faisait des réserves sur la manière dont elle est racontée. Ne partageant pas sans doute cette appréciation, il garda le silence. Plus tard on a trouvé dans ses notes les principaux traits de charité de cette servante des pauvres, avec ces quelques mots de lui : « Où l'on apprend à devenir charitable. » Cela expliquait tout.

Il connaissait trop par une expérience personnelle l'utilité de ces sortes de lecture, pour ne pas les favoriser de tout son pouvoir auprès de ses confrères. « Il faut que j'achète des vies de saints, disait-il à sa tante durant ses dernières vacances, pour les prêter à mes confrères », et, dès la rentrée, il mit tous ces livres à la disposition d'un directeur, avec faculté à lui de les prêter comme bon lui semblerait. « Si vous pouvez trouver quelques instants de loisirs, profitez-en pour lire les

vies des saints. » C'était le conseil qu'il donnait à un séminariste avec lequel il s'ouvrait
plus volontiers : « Pour moi, ajoutait-il, je
regrette que mon lever si tardif, joint aux
dérangements occasionnés par le cabinet de
physique, ne me laissent pas plus de temps
pour m'y adonner. »

Paul a laissé plusieurs de ces vies in-
achevées, notamment celle d'Ozanam et du
vicomte de Melun. Ces lectures interrompues
par le rappel de Dieu, tout en jetant des
pensées de tristesse dans l'âme, nous disent
au moins que ces témoins de la dernière
heure étaient bien propres, par les leçons
qu'ils lui donnaient, à le préparer au terrible passage du temps à l'éternité.

En attendant que cette heure sonne, il ne
songe qu'à aimer Dieu et à le faire aimer.
Apprenant que son frère René va quitter
Caen pour faire son volontariat, il demande
à tout le monde des prières, afin d'appeler
sur lui la bénédiction divine.

Il souhaite ardemment le voir entrer dans
un régiment où il trouve toute facilité pour
remplir ses devoirs religieux, et quand on

lui annonce que ses vœux sont exaucés :
« Oh ! remerciez avec moi Notre-Seigneur,
dit-il à un directeur du séminaire, car mes
désirs sont remplis. » Son zèle ne se borne
pas là : « Ce n'est pas tout de soigner le
corps, lui écrit-il, il y a l'âme qui vaut
mieux que lui, et qui, par conséquent, mérite plus que lui de n'être pas oubliée. Aussi,
je t'en supplie, veille bien sur toi : la
caserne a de grands, très-grands dangers, tu
le sais bien. N'oublie jamais de faire un petit
bout de prière, si court qu'il soit. Autant
que possible, ne manque jamais à la messe
le dimanche : ce n'est pas bien difficile de
trouver une messe basse..... Ce n'est pas un
sermon que je veux te faire, mais tu sais que
je t'aime bien, et que je désire avant tout
que tu restes bon chrétien, et il suffit quelquefois de quelques fautes pour éloigner pour
toujours la grâce de Dieu. Aussi, je tâcherai
de prier pour toi cette année encore plus que
par le passé. »

On nous permettra de dire encore un mot
de ses études : il utilisait jusqu'à ses moindres
instants ; aussi, quoique jeune, il avait déjà

des connaissances très-variées. Il avait beaucoup lu et sur toutes sortes de sujets : histoire,
philosophie, littérature, sciences naturelles,
questions sociales, etc., et pris des notes sur
ces diverses lectures. Ces notes, que nous
n'avons pu parcourir qu'en partie, sont clas-
sées dans un ordre parfait. Ce qu'il demandait
d'abord à ses auteurs classiques, c'était la
clarté, qualité maîtresse pour tout homme
qui a la prétention de parler à ses semblables;
il voulait les entendre et entrer en communication avec eux.

Il a son programme pour les études du
prêtre : « Il faut étudier, étudier beaucoup.
Les saints nous en donnent l'exemple et le
conseil : saint Thomas d'Aquin, saint Charles
Borromée, saint François de Sales, etc. Il
faut être *homo unius libri,* en ce sens qu'il
faut se borner aux meilleurs ouvrages, aux
vraiment bons, sur le sujet que l'on étudie. Il
y en a tant de médiocres! Il faut en étudier
un en particulier, l'étudier à fond et y rapporter tous les autres. Surtout ne pas travailler
par vanité, mais pour Dieu seul et pour les
âmes. Il faut, comme saint Thomas, étudier

au pied du Crucifix : c'est là que l'on puise la vraie science et la science vraiment solide. »

Le moment approche où Paul va quitter pour toujours cette solitude de Sommervieu. Avant de nous séparer de lui, si nous avions à résumer les impressions des confrères qui ont vécu dans une plus grande intimité avec lui, nous dirions que deux vertus surtout avaient attiré leur attention, l'humilité et la bonté ; et, s'il fallait graver une sentence sur sa tombe, le mot du Maître : *Discite a me quia mitis sum et humilis corde,* paraîtrait bien choisi pour caractériser cette physionomie morale. Le supérieur du séminaire, adressant quelques mots à la communauté à la nouvelle de la mort du pieux jeune homme, vanta spécialement son humilité. L'éloge était mérité. Plus qu'aucun autre M. Dubourg pouvait se mettre en scène : la nature l'avait doué de très-grandes qualités ; la grâce y avait ajouté ses dons, et tous ses efforts allaient à s'effacer et à se mettre sous les pieds de tout le monde. « Je veux bien, dit-il, avec le P. Besson dont il a annoté la vie, tendre très-haut, mais y tendre humblement. » Plusieurs

fois ses confrères amenèrent la conversation
sur un terrain bien fait pour plaire à son
amour-propre ; il en était peiné, et il ne
manquait pas de la détourner adroitement.
Si l'on a connu un certain nombre de faits qui
honoraient sa mémoire, ce n'est assurément
pas de sa bouche : il s'était prescrit le silence
le plus absolu sur tout ce qu'il pouvait y avoir
de flatteur pour lui dans sa vie passée, et il y
tenait. Il lui arrivait de temps en temps de
parler de ses études de prédilection ; il se le
reprochait comme une faute contre l'humilité.
« Je vous prie de m'excuser, disait-il ingé-
nument à un de ses confrères, si je vous parle
de physique et de chimie : malgré mes résolutions, je ne sais me taire là-dessus. » La
maturité d'esprit dont M. Dubourg faisait
preuve dans ses conversations pouvait être
aisément remarquée de tous ceux qui entraient
en conversation avec lui. « Je consultai un
jour mon neveu sur une affaire assez délicate,
nous dit Mme Le Guay ; le conseil qu'il me
donna était si sage que j'en fus vivement
frappée. » Nous ne doutons pas que cette
sagesse précoce ne fût en partie la récompense

de son humilité : la grande école de la sagesse
sera toujours l'humilité, comme l'histoire des
saints le prouve surabondamment.

Paul était bon : « Il y a quatre aristo-
craties, lisons-nous dans ses notes, l'aristocratie de la naissance, l'aristocratie de l'argent,
l'aristocratie de l'intelligence et l'aristocratie
du cœur : de celle-ci, j'en suis. » Il voulait
donc appartenir à l'aristocratie du cœur ;
aussi ce n'était pas sans une vive et profonde
émotion qu'il lisait et relisait l'admirable
lettre du P. Lacordaire à l'abbé Perreyve :
« Par dessus toutes choses, soyez bon ; la
bonté est ce qui ressemble le plus à Dieu
et qui désarme le plus les hommes. » Son
âme compatissante eût voulu soulager toutes
les misères. Les pauvres avaient une place
à part dans son cœur. Il souffrait en pensant
que les classes riches gaspillent leur argent
pour se procurer des jouissances matérielles
ou pour satisfaire un luxe effréné. Quant
à lui, il avait un débouché tout prêt pour
ses ressources pécuniaires : « Ma fonction,
disait-il agréablement, faisant allusion à la
charge d'aumônier des pauvres qu'on lui avait

confiée, fera souvent le vide dans ma bourse. »
Effectivement le vide dut se faire assez fréquemment, car il ne pouvait tenir contre
l'exposé d'une souffrance quelconque. Nous
ne voudrions pas assurer qu'il n'ait jamais été
la dupe de ceux qui se présentaient pour
recevoir l'aumône; mais il avait donné, il
était content.

Avec ses confrères cette bonté pouvait être
moins remarquée. Sa timidité gênait son
action et l'empêchait de se livrer autant qu'il
l'eût souhaité; mais, en réalité, elle n'était
pas moins profonde et moins sincère. Un de
ses monités se permit de rire un jour en sa
présence de quelque singularité d'un confrère
en récréation. M. Dubourg ne manqua pas
de lui en faire la remarque en monition,
ajoutant qu'il fallait être très-bon et s'interdire
avec grand soin tout ce qui était de nature à
faire de la peine. Il en donnait lui-même
l'exemple. « Jamais il ne se fâchait, continue
ce même séminariste, quoique mes demandes
indiscrètes et mes importunités eussent pu
assez fréquemment provoquer quelque mou-
vement d'humeur. Quand il avait à me faire

des remarques, il les faisait en souriant et se
surveillait pour ne jamais me froisser. On
voyait qu'il souffrait de faire une observation
juste et fondée en raison, mais qui devait être
pénible à celui qui en était l'objet. Afin de
faire accepter plus facilement ses remarques,
il avouait qu'il devrait d'abord se corriger lui-
même avant de se mêler de faire la morale
aux autres. »

Le jour de la Présentation, 21 novembre
1881, Paul éprouva de grandes fatigues de
tête. « Nous avions lundi une belle fête,
écrit-il à sa famille, la fête de la Présentation de la Sainte Vierge au temple. C'est
le jour où les membres du clergé renou-
vellent leurs promesses sacrées, et ceux qui
en ont la possibilité se réunissent soit ici,
soit à Bayeux, pour les renouveler ensemble;
pour moi j'ai été obligé de passer la soirée
dans mon lit. » Les jours suivants la fatigue
persista, mais avec moins d'intensité. Il était
encore à Sommervieu le jour où l'on célébrait
la solennité de l'Immaculée-Conception. Le bon
Dieu voulait lui faire parcourir avant son
départ le cycle des diverses fêtes chrétiennes

dans un séminaire. Ses confrères de première année revêtaient ce jour-là la sainte
soutane. Il était heureux de les voir nombreux, dans l'espoir qu'ils feraient plus tard
un grand bien dans l'Église. « Nous sommes
un peu perdus au milieu d'eux, disait-il,
mais nous ne nous en plaignons pas. »

Ses forces ne revenant pas, ses parents
désirèrent l'avoir quelques jours à Caen. On
espérait que l'absence ne durerait qu'une
quinzaine de jours. La Providence en avait
décidé autrement. Le médecin de la famille
jugea qu'un nouveau séjour dans le Midi était
sinon nécessaire, du moins très-utile. « Une
grave question s'agite pour moi, mande-t-il
de Caen. Ma santé, depuis que je suis ici, est
restée à peu près dans le même état; je tousse
tantôt plus, tantôt moins, mais surtout, ce
qui persiste, c'est cet état de faiblesse un peu
générale de tout l'organisme; aussi le médecin
est-il d'avis que j'aille passer la fin de l'hiver
dans le Midi. » Il discute ensuite assez lon-
guement les raisons pour et contre ce projet,
et s'abandonne simplement à la décision qui
sera prise à son sujet, tout en regrettant le

trouble que ce séjour dans le Midi doit jeter dans son année de séminaire.

On avait pensé un moment à un autre projet, celui de lui faire continuer ses études dans un des séminaires du Midi, comme Avignon, Aix, etc. On y renonça bien vite pour des raisons que Paul entrevoyait lui-même. « Je vois à cela, écrivait-il, le très-grave inconvénient du manque d'unité dans les études et surtout dans la direction, et à peu près aucun avantage;. car ce qu'il me faut surtout, c'est le grand air, l'exercice, la promenade, et en même temps mille petites précautions que je ne pourrai prendre dans un séminaire. »

Ces avantages le ciel de Cannes devait les lui procurer. Il fut donc décidé qu'il partirait incessamment, afin d'abréger le plus possible la durée de son absence.

PAUL DUBOURG

VI

SECOND SÉJOUR A CANNES. — VOYAGE D'ITALIE. — DERNIERS JOURS.

PAUL DUBOURG

SECOND SÉJOUR A CANNES. — VOYAGE
D'ITALIE. — DERNIERS JOURS.

Le 13 janvier 1882, Paul, accompagné encore de Mme Le Guay, quittait Caen, s'arrêtait à Évreux pour voir son frère René, volontaire au 21e dragons, et arrivait à Cannes le 16 du même mois. Une lettre datée du 5 février nous permet de le suivre dans ses diverses excursions : « Figurez-vous que, lorsqu'en Normandie vous devez être gelés ou noyés dans le brouillard, nous avons ici un temps splendide. Aussi j'en profite pour me promener autant que possible dans les bois de sapins dont sont couvertes les collines qui entourent Cannes. J'ai été aussi deux fois, et je compte y retourner, aux îles de Lérins, qui se trouvent en face de Cannes ; à Sainte-Marguerite, où a été enfermé jadis le fameux masque de fer, et plus récemment Bazaine ; à Saint-Honorat, où il y a un couvent moderne sur l'emplacement de l'ancien et fameux monastère de Lérins ; il reste encore un vieux donjon, qui a jadis servi de monastère du temps des invasions sarrasines, et où ont été massacrés un très-grand nombre de moines. » Puis vient une description du pays dont il convient de respecter le texte malgré certaines répétitions : « J'habite une assez grande chambre avec un balcon d'où j'ai une vue splendide. A mes pieds ce sont les toîts d'une partie de la ville, mais au delà de ce premier plan un peu prosaïque, je l'avoue, ce sont les flots bleus de la Méditerranée, sur lesquels se détachent la sombre verdure des pins et les blanches fortifications de l'île Sainte-Marguerite. Bien des fois il m'arrive de quitter mes livres pour contempler les petites barques aux voiles blanches que le vent ramène des îles, ou les vaisseaux qui passent au large. A gauche, ce sont les dernières collines dont la sombre verdure est émaillée de blanches villas. A droite, c'est le port avec son phare et ses mâts : au-dessus, des maisons qui s'étagent sur les flancs d'une colline isolée sur le sommet de laquelle s'élèvent un vieux donjon et la tour de l'église paroissiale ; au dernier plan, les sommets dentelés de l'Esterel. Lorsque le soleil levant ou couchant vient illuminer ce paysage, c'est féerique ; et, placé comme je le suis en plein midi, je le vois le matin se lever derrière l'île Sainte-Marguerite, et se coucher le soir derrière l'Esterel. A certains jours, il y a là un spectacle dont rien ne saurait donner une idée : les légers nuages qui flottent dans le ciel prennent alors des teintes inimaginables. »

A la suite, le pieux séminariste donne la distribution de sa journée : « Voici mon règlement de vie. Je me lève le matin à six heures et demie. J'ai une petite chapelle à deux minutes de l'hôtel. Il y a tous les matins une messe à sept heures et une autre à huit heures. Quand je suis prêt, je vais à la messe de sept heures et fais mon oraison après à la chapelle : sinon j'assiste à la messe de huit heures. Vers neuf heures, je me mets au travail. D'abord mon Écriture-Sainte, puis un peu de théologie et de philosophie, quelquefois interrompue par la contemplation des petites barques ou par des bouts de conversation avec ma tante. » Dans l'après-midi, consacré en partie à la promenade, il faisait ses exercices de piété au premier moment libre, donnait quelques instants à sa tante, et employait le reste du temps à des lectures délassantes. « Je lis actuellement l'*Histoire de mes opinions religieuses,* par le Père Newman, et *La Foi et ses victoires,* par l'abbé Baunard. Ce dernier ouvrage a de belles pages, mais aussi des longueurs. Quoique écrit avec plus de cœur, c'est loin d'avoir l'intérêt de l'ouvrage du Père Newman. » En terminant, il s'accuse d'être froid dans ses exercices de piété et de n'être pas assez occupé de la présence de Dieu ; mais sa grande préoccupation, c'est toujours l'oraison : « J'ai beaucoup de distractions pendant mon oraison : aussi je la prolonge souvent de cinq à dix minutes. »

Durant ces dernières semaines passées à

Cannes, l'élève de Sommervieu n'édifia pas moins que lors de son premier séjour. Tous les soirs, au retour de la promenade, il passait une demi-heure aux pieds du Saint-Sacrement, exposé jour et nuit dans la chapelle de l'Adoration réparatrice. Son exactitude dans cette chapelle, son attitude recueillie avaient beaucoup frappé les religieuses, et, lorsqu'elles apprirent sa mort, tout en priant pour lui, elles disaient : « Oh ! c'est lui qui prie pour nous, car c'est un saint. » Le Père Monnin, son confesseur, avait lui-même remarqué que Paul se tenait longtemps à genoux sans s'appuyer. Il en fit la remarque à sa tante, en la priant d'user de son autorité auprès de lui pour le faire asseoir. « Ce ne sera pas trop de la vôtre pour l'obtenir, répliqua Mme Le Guay. » Le Père Jésuite se chargea de la commission, et dès ce jour il resta moins longtemps à genoux. Cette piété et cette modestie devant le Saint-Sacrement, bien d'autres avaient pu l'admirer. Qu'il nous suffise de rappeler ce qu'écrivait là-dessus une amie de la famille à la nouvelle de la mort de Paul : « Quel ange vous avez au ciel ! Je le vois encore agenouillé dans notre chère église de St-Julien et priant comme prient sans doute les séraphins. »

Avec sa timidité le jeune séminariste devait faire peu de connaissances. Il ne vit guère que Mme Clément et son fils Eugène, venu lui aussi pour demander des forces au ciel de Cannes. « Nous avons rencontré ici, écrivait-il, des personnes de Caen que nous ne connaissions pas, mais dont nous connaissions beaucoup les parents. J'avais été pendant un an le camarade du frère du jeune homme. Tout cela, joint au plaisir de rencontrer quelqu'un de son pays, lorsqu'on est si loin, a fait que nous nous sommes vus souvent. Je me promène presque tous les jours avec ce jeune homme. Il est excellent. C'est un ancien élève des Jésuites à Metz, plus tard externe au lycée de Caen, mais cela ne l'a pas empêché de rester bon chrétien. Il est actuellement élève de l'école centrale, après avoir passé par l'école Sainte-Geneviève à Paris. »

Vers le milieu de février, les deux jeunes gens se trouvant assez bien, Mme Clément et Mme Le Guay crurent qu'un voyage en Italie favoriserait leur rétablissement, en leur procurant une distraction sans fatigue. M. et Mme Dubourg, consultés à ce sujet, accordèrent leur consentement. Au dernier moment le médecin de M. Clément ne crut pas prudent de lui laisser entreprendre ce voyage. Ce contre-temps ne devait pas arrêter Mme Le Guay.

Paul se mit à étudier sur la carte et dans les livres pour préparer son voyage, qui ne devait d'abord comprendre que la haute Italie; mais son cœur le poussait ailleurs. Depuis plusieurs années, il rêvait de voir Rome et le Pape : sa tante le savait. Un jour qu'il était penché sur la carte d'Italie, Mme Le Guay indiquant Rome et Assise : « Est-ce qu'il te serait très-agréable d'aller jusqu'à Rome ? » — « Oh ! ma tante, quel bonheur d'aller jusqu'à Rome ! »

En traçant l'itinéraire, le séminariste fait part des sentiments qui l'animent : « On nous avait conseillé de profiter de notre séjour à Cannes pour pousser une petite pointe jusqu'à Gênes et même jusqu'à Florence. Rome est à huit heures seulement de

Florence; nous ne pouvons pas nous arrêter en si bon chemin : nous irons jusqu'à
Rome. En allant, nous verrons Gênes, Pise
et Florence, puis nous passerons cinq à six
jours à Rome. De Rome nous reviendrons
par Assise, Lorette, Bologne et Milan. Je
compte ne pas trop me fatiguer : nous voyage-
rons à petites journées..... Pour mon compte,
je considère beaucoup plutôt ce voyage comme
un pèlerinage que comme un voyage artistique..... Ce que je voudrais rapporter de ce
voyage, ce sont de fortes impressions religieuses et une ferme volonté d'être un vrai
serviteur de Dieu. Aussi priez bien pour moi
pendant tous ces jours. »

De Cannes à Gênes, de Gênes à Pise, le
voyage fut un enchantement, sans cesser d'être
un exercice de piété. Paul emportait ses livres
de piété, son manuel des séminaristes, son
petit office de la Sainte Vierge. En chemin il
vaquait à ses pieux exercices avec la régularité
et la simplicité qui lui étaient habituelles. Ce
fut dans le trajet de Pise à Florence qu'il res-
sentit les premières atteintes du mal. Il remit
à sa tante ses livres de piété, premier et cruel

déchirement qui allait être suivi de bien
d'autres. Mme Le Guay, inquiète, proposa de
revenir à Cannes. Renoncer à ce beau voyage,
à cette Italie, à Rome, quel sacrifice pour un
jeune homme chrétien ! Et pourtant là ne fut
pas le vrai sacrifice : sa famille seule l'occupa.
Qu'allait dire son père, qu'allait dire sa mère,
quand ils apprendraient l'interruption de ce
voyage? Paul se révolta contre la pensée de
leurs inquiétudes : il voulut tenter un effort
suprême et essayer de visiter Florence. On
parcourut ainsi le palais Pitti, l'Annunziata,
le cloître de saint Marc, la chapelle des
Médicis. Mme Le Guay était absorbée dans
ses préoccupations, Paul absorbé dans son
admiration. « Mais regardez donc, disait-il,
pourquoi venir et ne pas regarder? » C'est
ainsi qu'il cherchait à dissiper les alarmes
de sa tante.

Là devait se borner le voyage tant désiré.
Vaincu par la fatigue, Paul donna lui-même
le signal du retour. On repassa bien tristes
par Pise et Gênes, et le 4 mars on était à
Cannes. C'était le jour de la naissance du
pieux jeune homme, anniversaire douloureu-

sement célébré. Le lendemain, il écrivait à Sommervieu les dernières lignes sorties de sa plume : « L'homme propose et Dieu dispose. Je me proposais d'être à Rome aujourd'hui et je suis à Cannes, dans un fauteuil, au coin du feu, ne bougeant pas, ne faisant rien. Arrivés à Florence, nous avons cru qu'il n'était pas prudent d'aller plus loin. Le docteur m'a ordonné un peu de quinine et de repos. »

Le moment des grandes souffrances approchait. Dieu avait préparé de loin sa victime : c'est un genre de beauté qu'il ne refuse guère à ceux qui le veulent aimer plus grandement. « Il nous faut beaucoup souffrir pour Dieu et pour la France, » écrivait l'enfant à Sainte-Marie ; et, dans une autre lettre qu'on n'a pas oubliée : « Sans que cela paraisse, j'ai beaucoup souffert. » Un esprit superficiel ne l'eût pas soupçonné. Rien, ce semble, ne manquait à ce jeune homme de ce qui peut composer le bonheur ici-bas, et le bonheur il ne l'eut pas. Dieu exerça ses droits sur lui d'une manière étrange ; parce qu'il voulait se l'unir, il lui donna une plus large part à son calice. Ces souffrances de tous les jours furent d'autant plus pénibles qu'à raison de sa timidité, il les dut porter dans le secret de son cœur et se priver habituellement de cette sorte de consolation qu'on éprouve à verser ses peines dans le sein de l'amitié; toutefois ces visites divines, ces heures de l'amour le trouvèrent toujours prêt, et c'est avec ardeur qu'il essayait d'entrer dans les pensées de Dieu et de correspondre à ses desseins. Loin de l'épouvanter, la croix l'attire; il l'a toujours présente à la pensée. Parcourant les *Contemplations* de Victor Hugo, il note un seul passage, c'est celui où le poëte parle du sacrifice, sorte d'adieu à cette croix qu'il ne chantera plus :

> Monter c'est s'immoler; toute cime est sévère.
> L'Olympe lentement se transforme en Calvaire;
>   Partout le martyre est écrit.
> Une immense croix gît dans notre nuit profonde,
> Et nous voyons saigner aux quatre coins du monde
>   Les quatre clous de Jésus-Christ.

Ses derniers jours ne furent plus qu'un cruel martyre supporté avec une sainte rési-

gnation. Il fallut d'abord renoncer à la chapelle de l'Adoration réparatrice et à la sainte
Messe, puis il fallut se mettre au lit. On eût
dit qu'il défendait pièce à pièce contre la mort
l'habit ecclésiastique. Il se coucha tout vêtu;
plus tard il remit son rabat, plus tard sa cein-
ture, et en dernier lieu la sainte soutane.
Avec quel déchirement? Nous l'ignorons; ce
que nous savons, c'est que, quelques jours
plus tard, dans la fièvre et dans le délire, il
les redemandait pièce par pièce, comme il les
avait quittés. Dans ses lueurs d'intelligence,
entre deux accès de fièvre, a-t-il senti la gravité de sa situation ? A-t-il vu se dérober devant lui cet avenir sacerdotal après lequel il
soupirait depuis cinq ans? A-t-il compris que
son heure avait sonné et qu'il ne fallait plus
songer à cette vie de dévouement et de zèle
pour le bonheur de ses frères ? C'est encore le
secret de Dieu; mais, si cette vue lui a été
donnée, quelle peine! Celui-là seul la com-
prendra qui a nourri les mêmes espérances et
formé les mêmes rêves.

A ces sacrifices il dut en joindre un autre,
celui de rester sans communications avec sa

famille. Un jour, il recevait d'elle une lettre.
Il essaya de la lire : impossible. Il se résigna.
Mme Le Guay la prit et commença la lecture.
Paul fut obligé de l'interrompre. « Assez,
dit-il, je ne puis plus comprendre. » Une
autre lettre, adressée à Rome et renvoyée à
Cannes, ne fut pas comprise non plus.

Le mal s'aggravait. La tante, à bout de
fatigues, dut réclamer l'assistance d'une religieuse. Ce fut pour le pieux jeune homme
un sacrifice nouveau. Il lui répugnait d'être
servi. Tant qu'il se porta bien, il n'accepta
les services d'un domestique, pour les soins
de sa chambre, que dans le cas d'une absolue
nécessité. Il lui fallait maintenant accepter
ceux d'une femme ; c'est avec beaucoup de
peine qu'on put l'y décider. Pendant quelques
jours encore il ne permit pas qu'on résidât
perpétuellement auprès de lui ; mais la bonne
religieuse, pleine d'attentions et de dévouement pour son malade, venait fréquemment
lui offrir ses services. Elle recevait presque
toujours la même réponse : « Je suis bien,
ma sœur. »

Mme Le Guay, qui connaissait la piété de

son neveu, lui suggérait des pensées de saint
abandon. « Soyez tranquille, répondait-il,
je fais tout ce que je puis pour être calme. »
Incapable d'une application soutenue, sa
prière habituelle était celle-ci : « Mon Dieu,
mon Dieu, que je vous aime! que je vous
aime seul! » Souvent on le vit joindre les
mains, embrasser la croix qu'on lui pré-
sentait, se frapper la poitrine.

La tante n'avait pas manqué de prévenir
les parents au début de la maladie. Les premières lettres inquiètent un peu sans alarmer.
Les nouvelles se succèdent augmentant les
inquiétudes. Mᵐᵉ Dubourg part pour Cannes
et s'installe comme garde-malade auprès de
son cher enfant. M. Dubourg, aimant à croire
encore à quelque exagération dans les dépêches
de sa belle-sœur, et d'ailleurs retenu par ses
fonctions et par l'état également fort inquié-
tant de la santé de son père, attendit pour se
rendre à Cannes une lettre de sa femme. La
lettre, hélas! confirmait en les aggravant les
nouvelles précédentes. M. Dubourg partit
précipitamment. A son arrivée on venait
d'administrer au malade le saint Viatique avec

le sacrement des mourants. Paul avait parfaitement reconnu sa mère rendue à Cannes depuis plusieurs jours ; pour son père, il ne parut pas d'abord le reconnaître ; mais, quelque temps après l'apercevant auprès de son lit, il le salua par un aimable et gracieux sourire.

La divine Providence lui ménagea une consolation au milieu de ses souffrances. Dom Bosco, qui rappelle à notre siècle la tendre charité de saint Vincent de Paul, se trouvait en ce temps-là à Cannes. On le prie de venir visiter le jeune malade. Le saint prêtre se rend au désir qui lui est exprimé, bénit le malade et se retire laissant la famille Dubourg édifiée et fortifiée. Touchante scène que celle d'un vieillard courbé par les ans et par les labeurs d'une vie toute de dévouement, bénissant un jeune séminariste qui allait quitter la vie avec le regret de ne pouvoir, comme ce père des enfants délaissés, mourir après les travaux d'un fécond apostolat. Avant de sortir, dom Bosco s'incline vers Paul en prononçant ces mots : « Je vais dire la messe à votre intention. » Celui-ci se réveillant

comme d'une sorte d'assoupissement : « Ah!
très-bien, puisque je n'ai pas le bonheur de
pouvoir la dire moi-même ! »

Le 15 mars, jour où Paul avait été admi-
nistré, la terrible nouvelle parvenait jusqu'à
Sommervieu et y portait la plus vive inquiétude : « Nous aimions tous M. Dubourg,
écrivait l'un de ses confrères. On le vit bien
pendant sa maladie. A la première nouvelle
une neuvaine s'organisa. D'une récréation à
l'autre on se demandait s'il était arrivé des
nouvelles plus récentes. Quand on apprit
qu'il n'y avait plus d'espoir, le séminaire
prit une physionomie de tristesse qui ne lui
est pas ordinaire. La franche gaieté faisait
place sur tous les visages à un air de préoccupation qui frappait au premier coup
d'œil. »

Cependant la maladie faisait de jour en
jour d'effrayants progrès. Depuis le 15 jusqu'au 20, qui fut le jour de sa mort, la
paralysie envahit le corps tout entier. Habituellement ce fut le délire avec prière qu'on
lui rendît les vêtements sacrés. Quelquefois
des lueurs de connaissance dépensées aux

deux objets de son amour, la famille et Dieu.
Il disait quelques mots à son père, à sa mère.
Il baisait le crucifix et répétait sa prière :
« Mon Dieu, mon Dieu, que je vous aime!
que je vous aime seul! »

C'est ainsi que le lundi 20 mars, à deux
heures du matin, s'éteignit doucement Paul
Dubourg (1).

(1) Les mois qui suivirent la mort de Paul furent
particulièrement pénibles pour la famille Dubourg. De
nouveaux deuils vinrent, à de courts intervalles,
réveiller de cruels souvenirs. Le grand-père du pieux
jeune homme, juge honoraire au tribunal civil de
Falaise, fut le premier à aller le rejoindre dans la
tombe. Il s'éteignit dans cette ville, le 28 mai de la
même année, à l'âge de 81 ans, entouré de l'affection
et du respect des siens, honoré de l'estime publique,
et laissant la réputation d'un magistrat d'une inté-
grité et d'une impartialité absolues. Quelques mois
après, à la fin de novembre, c'était le tour de
Mme Lauffray, avec laquelle la famille était intimement
liée, et dont Paul avait fait sa société habituelle lors
de son premier séjour dans le Midi. Enfin, au mois
d'avril 1883, mourait à Paris M. Eugène Clément, l'ami
du pieux séminariste. Ces deux jeunes gens n'avaient
fait que s'entrevoir durant quelques semaines sous le
ciel de Cannes, et déjà l'union la plus étroite avait

Cette mort est un digne sujet de méditation.
Le jeune séminariste va demander des forces
au ciel du Midi, et, au moment où il éprouve
un mieux sensible, en face de cette Italie et
au milieu d'un pèlerinage vers Rome triste-
ment interrompu, loin des siens, qu'il ne
fait qu'entrevoir dans les luttes suprêmes de
l'agonie, il meurt miné par un mal cruel
que ne peut arrêter la science mise au service
du plus parfait dévouement. L'action de Dieu
est ici manifeste. A juger humainement des
choses, cette intervention providentielle paraît
sévère : en réalité, elle est tout imprégnée
d'amour. Une image trouvée dans les papiers
du cher défunt vient donner corps à ces ré-
flexions, et, tout en nous dispensant de longs
commentaires sur ce rappel divin, nous laisse
deviner les desseins de la miséricordieuse
charité du Seigneur à l'égard de cet enfant

rapproché leurs cœurs si bien faits pour se comprendre.
La mort, qui était venue d'une manière si prompte et
si cruelle, briser ces liens, a semblé vouloir les re-
former tout aussitôt dans un monde meilleur. C'est la
suprême consolation laissée à des familles désolées.

privilégié. Cette image représente le Sauveur cueillant un lys, symbole de l'âme pure. Une main amie la donna à Paul en 1877, l'année même où celui-ci finissait ses études à Sainte-Marie.

On lit au haut de l'image :

Une fleur pour le ciel.

Au bas :

Je l'ai cueillie dans sa fraîcheur avant qu'aucun souffle brûlant ait pu ternir sa pureté.

Au dos :

Du bonheur de mourir jeune et pur.

Savez-vous quels sont ceux qui possèdent ici-bas la plus grande sagesse ?... Ce sont ces cœurs jeunes et purs, ces enfants de Dieu qui, par désir du Ciel, aiment et désirent la mort.

Aimer la mort, pour eux, c'est aspirer à la vie... Ils veulent mourir jeunes, parce qu'ils ont hâte de vivre...

★

Ah! ne me plaignez pas, s'écrie l'âme jeune et pure, ne me plaignez pas en me voyant quitter si tôt la terre, car, si chaque jour je bénis Dieu d'être née, c'est parce que je sais qu'après la courte épreuve de l'exil, je trouverai la Patrie.........

Nous aimons à rapprocher ces pensées de ce qu'écrivait le Père du Lac, à la nouvelle de cette mort : « Paul n'est pas de ceux dont les noms sont gravés sur les tables de marbre sous la devise : *Beatius est nos mori quam videre mala gentis nostræ et sanctorum!!* parce qu'il n'a pas versé son sang, mais pour moi il est mort au feu. Je ne sais si la bataille a été longue, je ne peux pas dire qu'il ait eu à lutter douloureusement contre tout ce qui attaque un jeune homme à vingt ans, mais je suis sûr qu'avant de cueillir cette palme double du sacrifice du monde et du sacrifice de sa vie, il en a offert assez au bon Dieu pour qu'on puisse dire de lui qu'aidé de la grâce divine il a mérité sa victoire ; et celle des combats,

qui a coûté la vie à tant de ses camarades,
n'est pas plus belle. »

Nulle part, croyons-nous, on ne sentit plus
vivement qu'à Sommervieu, la perte que faisait l'Église en la personne de M. Dubourg.
La lettre suivante, adressée à un prêtre du
diocèse, nous fait connaître les sentiments de
la communauté : « Quelle perte ! Sa mort à
excité parmi nous de bien vifs regrets, car
tous l'aimaient. Nous avons pleuré, mais
moins pour lui que pour l'Église et pour sa
famille, car il doit être au ciel, et parce que
les âmes auraient eu en lui un prêtre dévoué,
parce que ses parents ont été privés d'un fils
qui eût été leur consolation. Je bénis le bon
Dieu de m'avoir fait la grâce de le connaître ;
je me souviens de lui, et ses exemples sont
présents à ma mémoire. Aurai-je la force de
l'imiter, de vouloir, comme il le voulait
lui-même, faire le plus de bien possible ?
Certes il n'aurait pas craint de se livrer tout
entier pour les âmes..... Il était parmi nous
le plus favorisé des dons de la fortune et
aussi le plus simple ; il était des mieux doués
sous le rapport du talent, c'était le plus

modeste. Il s'effaçait toujours, ne parlait jamais de lui, n'imposait ni ses goûts, ni ses opinions. C'était un vrai séminariste. Espérons qu'il prie maintenant pour nous, et offrons pour lui le sacrifice que le bon Dieu nous a imposé. »

Après un service célébré à Cannes pour le repos de l'âme de leur cher défunt, M. et Mme Dubourg, et Mme Le Guay, quittaient cette ville le 21 mars au matin, ramenant à Caen ses dépouilles mortelles, et emportant le souvenir ineffaçable des preuves si touchantes d'affection dont eux et lui avaient été l'objet. Ils arrivaient à Caen le mercredi 23, à quatre heures du matin. Quelques heures après, deux nouveaux services étaient célébrés, l'un à Saint-Julien, sa paroisse; l'autre à Saint-Étienne, sur le territoire de laquelle devaient reposer les précieux restes, dans un caveau de famille. L'assistance était nombreuse et sympathique. On devinait assez, à son attitude, qu'elle savait respecter ce grand deuil et apprécier les vertus de celui qu'elle accompagnait à sa dernière demeure.

Nous devons un souvenir spécial à ses jeunes amis de Sainte-Marie. Ils se tenaient émus près des dépouilles mortelles de Paul, portant de magnifiques couronnes qu'ils déposèrent ensuite sur la tombe de celui qu'ils avaient aimé, et auquel ils tenaient à donner en ce jour cette dernière marque d'affection. L'un d'eux, se faisant l'interprète de tous, sut faire ressortir la leçon qui se dégageait de cette triste cérémonie. En face de ce cercueil, il rappela les nobles et généreux sentiments de cette âme trop tôt, ce semble, enlevée à leur affection. Il faut citer un passage de ce discours :

« Le trait saillant de ce caractère était la franchise. Chez lui pas de détours, pas de calcul ; tout était droit, parce que tout était honnête, et sur son visage loyal on lisait sa pensée. De là cette grâce modeste, cette charmante simplicité qui lui gagnaient les cœurs en faisant taire les petites jalousies et les critiques intéressées.

« Nous admirions avec une sorte de déférence respectueuse tant de délicatesse et de

candeur; nous l'environnions de notre affection,
et, pour le lui marquer, nous ne laissions
passer aucune de ces petites occasions qu'ont
les camarades de témoigner publiquement leurs
sympathies. Tel nous avons connu Dubourg à
Sainte-Marie, pendant huit années, tel il
s'est montré au lycée et à l'école de la rue des
Postes.

« Figurez-vous donc ce jeune homme dis-
tingué par ses qualités naturelles et acquises,
aimé pour son charmant caractère, maître de
choisir sa carrière (car ceux qui disposent des
carrières savaient qu'il les eût toutes hono-
rées), vanté par ses camarades, qui, pensant
lui donner du courage, auraient pu lui donner
de l'ambition. Que de liens puissants pour rester
attaché au monde! Mais, au milieu des bruits
du monde, Dubourg a entendu la voix qui parle
dans la solitude du cœur.

« Souvent il se posait cette question : Dans
quel état servirai-je Dieu davantage? D'abord
il avait pensé à entrer dans l'armée ; le généreux sacrifice du soldat qui tombe sous le
drapeau l'attirait. Puis sa vocation se décide,
et il écrit à un ami : Après tout, un officier
peut trouver une mort glorieuse comme cou-
ronnement d'une glorieuse carrière, et alors

il ne sacrifie plus grand'chose. Le sacrifice du séminariste est plus complet, car il sacrifie l'espérance. Et Dubourg entre au séminaire. Il ne put monter à l'autel du Dieu qui avait réjoui sa jeunesse, — vous savez comment il nous a été si cruellement ravi. C'était trop tôt pour la terre ; était-ce trop tôt pour le ciel ? Car, si bien des consolations lui ont été enlevées ici-bas, bien des tristesses lui ont été épargnées et il a tout le mérite du sacrifice. Moins heureux ceux qui pleurent aujourd'hui sa perte. Mais j'ai tort de vouloir exprimer des choses qui sont au-dessus de toute parole. Devant la tombe, seule la prière doit se faire entendre. Prions donc pour lui, ou plutôt adressons-lui une prière : Dubourg, console ta famille, veille sur nous, tes amis, que tu as laissés au commencement des luttes de la vie, et obtiens à chacun de nous de connaître dans quelle voie il servira Dieu davantage. »

Les élèves de Sommervieu, ne pouvant se joindre au funèbre cortège, envoyèrent une couronne en marbre avec cette inscription :

PAULO-RICHARDO-AUGUSTO DUBOURG
SEMINARIUM SOMMERVIACENSE.

In bonitate et alacritate animæ suæ
placuit Deo. (Eccli. XLV—29)

Fili, in mansuetudine opera tua perfice
et super hominum gloriam diligeris.
(Eccli. III—19) (1)

Cette couronne a été fixée à l'un des murs
du caveau de famille où repose le corps de
leur bien-aimé confrère, à l'effet de rappeler
sans cesse aux pieux visiteurs la tendresse et
la durée des affections formées dans le Christ.

(1)   A PAUL-RICHARD-AUGUSTE DUBOURG
LE SÉMINAIRE DE SOMMERVIEU.

Il plut à Dieu par la bonté de son âme et son empressement en toute chose.
(Ecclésiastique, chapitre XLV, verset 19)

Mon fils, qu'une douce bienveillance accompagne vos
œuvres et vous serez aimé et honoré parmi les hommes.
(Ecclésiastique, chapitre III, verset 19)

BIBLIOTHEQUE NATIONALE DE FRANCE
3 7502 00854642 8